머리는 진보
가슴은 보수
당신은 ——— 어느 쪽인가?

머리는 진보 가슴은 보수
당신은 어느 쪽인가?

발행 2021년 2월 22일

지은이 고성국
발행인 윤상문
디자인 이보람, 박진경
발행처 킹덤북스
등록 제2009-29호(2009년 10월 19일)
주소 경기도 용인시 기흥구 동백동 622-2
문의 전화 031-275-0196 팩스 031-275-0296

ISBN 979-11-5886-199-5 (03340)

Copyright ⓒ 2021 고성국
이 책은 저작권법에 따라 보호받는 저작물이므로 무단전재와 복제를 금지하며,
이 책의 내용의 전부 또는 일부를 이용하려면 반드시 저작권자와 킹덤북스의
서면 동의를 받아야 합니다.

※ 잘못된 책은 구입하신 곳에서 교환하여 드립니다.
※ 책 가격은 표지 뒷면에 있습니다.

킹덤북스(Kingdom Books)는 문서사역을 통해 하나님의 나라를 확장하고,
한국 교회와 세계 교회를 섬기고자 설립된 출판사입니다.

머리는 진보
가슴은 보수
당신은 ——— 어느 쪽인가?

고성국 지음

킹덤북스
Kingdom Books

추천사

고성국 박사의 저서 『머리는 진보, 가슴은 보수 당신은 어느 쪽인가』라는 책을 접한 후 이 말이 무슨 뜻인가? 잠시 혼란을 겪었습니다. 그러나 바로 첫 장면을 읽으니 그 의미를 이해할 수 있었습니다. 행동은 자유 우파 같지만, 생각은 좌파인 경우를 지칭한 말인 듯합니다. 그런데 왜 제가 이런 혼란을 겪었을까요? 흔히 우리 사회에서 좌파를 진보라고, 또 자유 우파를 보수라고 지칭하는 시대적 흐름으로 인해 개념에 혼동이 생겼기 때문입니다.

공산주의자(좌파)들은 유물 사관을 들이대면서 역사 발전 단계상 공산주의는 자본주의(자유 민주주의)가 자체 모순에 의해서 멸망하면 당연히 생겨나는 자본주의 다음 단계의 사회 즉 자본주의 다음의 수준 높은 역사라고 주장하고 있습니다.

그래서 공산주의는 자본주의(자유 민주주의)보다 진보된 사회이고, 공산주의 사상은 자유 민주주의 이념보다 더 진보된 이념이라며 자신들은

'진보', 기존의 자본주의, 자유 민주주의를 지키고자 하는 세력을 '보수'라고 지칭하고 있습니다. 그러나 이 책에서 정확히 지적하고 있는 바와 같이, 역사는 그렇게 결정되어 있는 것이 아닙니다.

실례로, 공산주의 종주국이던 구소련은 자본주의·자유 민주주의 사회보다 먼저 붕괴되었습니다. 그럼에도 실제로는 수구 꼴통 퇴보인 공산주의를 '진보'라고 지칭해주고, 개혁 진보적 이념인 자유 민주주의·자본주의를 보수라고 지칭해주니, 그 연원을 모르는 일반인들은 개념에 혼동을 느낄 수밖에 없었습니다. 따라서 이 책의 내용을 좀 더 쉽게 정확히 이해하려면, 이 책에 쓰인 용어 중 보수는 '자유 민주주의 또는 자유우파'로, 진보는 '공산주의 또는 좌파'로 인식하시면 좋을 듯싶습니다.

그동안 대한민국과 같이 공산주의가 허용되지 않았던 국가에서 어떤 사람이 공산주의자인지 자유 민주주의자인지 구별하려면 그 사람의 말이나 행동을 기준으로 삼을 수밖에 없었습니다. 특히 진보와 보수의 개념과 그들의 정체성을 잘 알지 못하는 독자들에게 고성국 박사는 명쾌하게 그 실체를 설명해 주고 있습니다. 진정한 자유 민주주의자가 되려면, 즉 공산주의자와 맞서 싸워 이길 수 있는 자유 우파가 되려면 자유 민주주의와 공산주의에 대한 철학적 기초를 잘 갖추어야만 정치적으로도 이길 수 있다는 원리를 이 책은 강력히 설파하고 있습니다.

뿐만 아니라 고성국 박사는 덤으로 좌파들과의 토론에서 이길 수 있는 방법까지, 자신의 실제 경험을 예로 들어 친절히 설명해주고 있습니다. 우리 자유 우파 인사들은 이 책의 내용을 완전히 숙지하고 활용하여 좌파들과의 토론에서나 정치 투쟁에서나 항상 승리할 수 있는 능력을 갖춰주실 것을 기대해 마지않습니다.

고영주 변호사 애국정당 「자유한국21」 대표최고위원

본서에 대한 복잡하고 긴 소개가 필요 없다. 오랫동안 학자적 전문성과

현실주의적 관찰자의 눈으로 우리 사회와 정치를 지켜보고, 분석하고, 조언하고, 해설해 온 고성국 박사의 기념작이다. 거시적 시각과 구체적 현실이, 또 당위와 사실의 문제가 균형있게, 또 재미있게 기술되어 있다. 그가 아니면 쓸 수 없는 책이다. 내용은 매우 흥미로운, 그러면서도 예사롭지 않은 세 가지 질문으로 시작된다. 인간은 완전한 존재인가? 역사는 결정되어 있다고 생각하는가? 전체는 개인에 우선하는가? 이 질문들에 '예스'라 답하면 자유 우파이고 '노'라고 답하면 좌파이다. 여러분의 답은 과연 무엇인가? 그런 다음, 저자는 이 질문들의 의미를 하나하나 따져나간다. 왜 자유 우파가 역사의 주류인지, 왜 진보 좌파가 이러한 흐름에서의 작은 일탈에 불과한지를 설득력 있게 설명한다. 그러면서 문재인 정부가 어떤 정부이고 왜 이렇게 밖에 할 수 없는지 그 구조와 배경을 밝힌다. 그런 가운데 우파와 좌파, 그리고 보수와 진보에 대한 잘못된 통념들을 바로 잡는다. 이를테면 보수가 잘못해서 그에 대한 반동으로 진보가 생성되었다는 주장에 의문을 제기한다. 프랑스 혁명에 대한 비판적 시각이 보수주의의 원조라 할 수 있는 버커를 등장시켰듯이, 오히려 진보의 잘못을 고치기 위해 보수주의가 등장했다고 볼 수 있다는 것이다. 보수주의가 반개혁적이라는 통념도 거부한다. 지킬 것을 지키기 위해 끊임없이 개혁하고 혁신하는 것이 보수의 기본이라는 것이다. 또 이런 지속적인 개혁과 혁신이야말로, 국가 권력을 장악해 세상을 일시에 뒤집고자 하는 진보 좌파의 '혁명'과 구별된다고 설명한다.

고 박사님의 저술을 보면 흥미로운 가운데 긴장감이 감돈다. 특히 문재인 정부의 숨은 의도와 정체를 하나하나 밝혀나가는 것이 그렇다. 왜 이럴까? 왜 이렇게 경직되고 고집스러울까? 독자들은 문재인 정부에 관해 가졌던 많은 질문들에 대한 답을 얻을 수 있을 것이다. 책이 강조하듯 자유 우파는 토론과 논쟁, 그리고 설득을 중시한다. 개인의 자유권을 중시하는 데다, 이를 통해 세상을 바꾸어 나가고자 하기 때문이다. 좌파가 국가 권력을 장악해 세상을 바꾸고, 사상 주입과 선전으로 국민을 세뇌시켜 나가는 것과는 정반대다. 토론과 논쟁, 그리고 설득을 중시하는 만큼, 자유 우파와 보수는 논리와 철학을 강조한다. 혁명과 선동 선전을 중시하는 좌파나 진보와 달리 말이다. 이제 물어보자. 여러분은 얼마나 진정한 자유 우파인가? 또 바른 보수인가? 다시 말해, 좌파와 진보의 혁명과 억압으로부터 자유를 지키고, 지속적인 개혁으로 이 나라의 미래를 지킬 논리와 철학, 그리고 설득력을 가지고 있는가? 그렇다면 이 책부터 읽었으면 한다. 그래서 좀 더 자유 우파다운 자유 우파가 되고, 좀 더 보수다운 보수가 되었으면 한다.

좋은 책이 많을 것 같지만 그렇지 않다. 1964년 미국 공화당 대통령 후보였던 골드워트가 쓴 책과 거크가 쓴 책 등이 번역되어 있으나 어쩔 수 없이 남의 나라 이야기이다. 국내 학자나 논평자들이 쓴 책이 다수 있으나 너무 학술적이거나 너무 저널리스틱하다. 이런 가운데 역작이 나왔다. 의미 있는 내용을 쉽게 읽을 수 있는 책이다. 독자 제위께 일독을 강력히 권한다.

김병준 전 자유한국당 비대위원장, 국민대학교 명예교수

고성국 박사는 정론을 지향하는 정치 평론가이다. 자유 우파의 정치적 지형을 넓히는 데 일등공신이며 가장 영향력이 큰 우파 유튜버 대표다. 객관적이고 냉철한 정치 평론가인 고성국 박사가 '보수'와 '진보'의 개념적 정리를 명쾌하게 해준 책을 저술했다. 변화에 능동적인 성향을 가진 스스로를 그저 막연히 '나는 진보주의자야'라고 생각하고 있거나 보수를 일명 꼰대들만의 전유물로 생각하고 있다면, 반드시 이 책을 읽어볼 것을 권한다. 고성국 박사 특유의 명쾌한 해법이 독자로 하여금 스스로도 놀랄 만한 발견을 하게 할 것이기 때문이다.

정치학 박사인 그는 정치 평론뿐만 아니라 역사에 대해서도 해박한 지식을 갖추고 있다. 특히, 한국의 현대 정치사에 대해서는 고성국 박사는 그야말로 '박사'다. 복잡하고 정리하기 어려운 대한민국의 현대 정치사를 정확하게 맥을 짚어 간명하게 해설하는 그의 능력은 가히 국내 최고라 할 수 있다.

나는 개인적으로 고성국 박사의 해박한 지식과 분석력을 높이 평가한다. 그는 자유 우파의 보물이며 향후 대한민국 정치에 중요한 역할을 할 것으로 기대하고 있다. 이번에 이렇게 훌륭한 저서를 펴낸 것은 우리 모두가 주목할 만한 일이며 한 권쯤 필독서로 소장하기를 강력히 추천한다.

박찬종 변호사 법무법인 찬종 고문변호사, 아시아경제연구원 이사장

80년 가까운 인생을 살아오면서 그동안 우리나라의 여러 어려움을 겪으면서 지내왔지만 요즈음만큼 나라에 대한 걱정을 해본 일은 없을 것 같다. 문재인 정권은 도대체 이 나라를 어디로 끌고 가려고 하는가? 이 나라 건국의 기초를 뒤흔드는 행태를 보면서 이건 진정한 의미의 좌파 정권도 아니구나 하는 생각을 지울 수 없다. 아마도 훗날 이 정권은 역사를 거슬린 이단아 정권으로 평가받을 것이 틀림없다. 그리고 이 모든 것은 결론적으로 자유 우파의 책임이다. 그동안 자유 우파가 제대로 역할

을 잘했으면 어찌 이런 일이 있을 수 있겠는가! 그런 의미에서 자유 우파의 각성, 재정비, 그리고 제대로 된 역할이 절실히 필요한 때이다. 그러려면 무엇보다 먼저 자유 우파의 가치가 무엇인지 사상적, 이념적 무장이 절대 필요하다. 자유 우파의 이념은 좌파가 조롱하듯 낡고 진부한 부끄러운 것도 아니고 더구나 '꼰대 정신'이라는 놀림의 대상도 아니다. 오히려 인류 보편의 정신적 가치이며 우리 인류가 창출한 가장 위대한 가치 이념이다.

이번에 마침 고성국 박사가 좋은 책을 출간했다. 명쾌하고 분명한 논리로 자유 우파의 가치와 이념을 설명한 글들이 풍성히 실려 있다. 이 시대에 너무 소중한 길잡이가 되는 글들이다. 나는 감동적으로 이 글을 읽었고 많은 배움과 깨달음을 얻었다. 고성국 박사, 그는 이 엄혹한 시대에 길을 밝히고 그 길을 뚜벅뚜벅 앞장서서 걸어가는 이 시대의 선구자이다. 그가 걸어가는 곳이 이 시대가 나아가야 할 우리의 길이 되고 그의 말은 촌철살인 이 시대의 정론이 된다. 앞이 잘 보이지 않는 오늘의 현실에서 우리 곁에 고성국이 있고 그의 말을 들을 수 있고 그의 글을 읽을 수 있다는 것이 기막힌 세상을 살아가는 오늘의 우리에게 그나마 하늘이 주시는 위로와 축복이라 하겠다. 대한민국을 살리고자 하는 모든 분들에게 필독을 권한다.

인명진 전 자유한국당 비대위원장

머리글

세상이 험하다 보니 문득 가던 길 멈추고 돌아볼 때가 많습니다.

내가 어디쯤 왔나?
잘 가고 있나?

난생처음 패키지 여행으로 동남아 다녀오신 어르신께 "잘 다녀오셨습니까?" 인사드리니 "그럼! 외국도 별거 아니더구먼, 내내 삼각 깃발뿐이더라고!" 이런 우스갯소리는 우리 인생에도 해당되고 우리 정치 투쟁에도 적용됩니다.

우리는 무엇을 위해 싸우나?
우리의 진짜 적은 누구인가?

이런 진심, 기초적인 질문에 응답하기 위해 이 책을 썼습니다.
좌파와 투쟁하는 당신, 과연 보수 우파 맞나?
이명박 박근혜를 적폐라 하며 돌을 던진 당신, 과연 당신은 진짜
좌파 맞나?
사실은 보수 우파이면서 좌판 줄
살아온 것은 아닌가?

고성국 박사

목차

추천사 4
머리글 14

서론

01. 나는 어느 쪽인가?	20
02. 무엇이 우리를 자유롭게 하는가?	30
03. 자유 우파와 좌파는 뿌리부터 다르다	37
04. 보수, 제대로 알자!	41
05. 역사를 어떻게 볼 것인가?	47
06. 권력이란 무엇인가?	56
07. 주권 이야기 1	62
08. 주권 이야기 2	75
09. 권력과 선거의 함수	82
10. 법, 양날의 칼	92

머리는 진보
가슴은 보수
당신은 ——— 어느 쪽인가?

각론

11. 헤게모니, 그리고 양대 전략 — **102**
12. 독재의 가면 — **116**
13. 혁명과 개혁, 그 차이를 이야기하다 — **126**
14. 아크로폴리스에서 답을 찾다 — **134**
15. 줄타기 묘기, 외교 — **148**
16. 태평양 시대를 논하다 — **159**

결론

17. 보이지 않는 진검승부 - 토론 1 — **166**
18. 상대의 민낯을 드러내라 - 토론 2 — **177**

서론

01
나는 어느 쪽인가?

여러분 스스로 한 번쯤은 '나는 자유 우파야.'라는 생각을 해보셨나요? 그런데 행동은 자유 우파 같지만, 생각은 좌파일 수 있습니다. 왜냐하면 자유 우파 대다수가 이념으로 잘 무장된 상태가 아니기 때문입니다. 이념이 있다고 하더라도 외부로부터 주입된 것이지 자기 성찰을 통해 내면화되고, 철학적으로 체계화된 것이 아니기 때문이죠.

평소의 생각이나 태도는 좌파적인데, 행동은 우파라고 생각할 수도 있습니다. 그래서 이름하여 「보수 진보 판별법」을 만들어봤습니다. 자유 우파와 좌파를 판별하는 기준입니다. 다음 세 가지 질문을 통해 자신의 이념 성향을 진단해볼 수 있습니다. 다음 질문에 '예', '아니오.'로 대답해 보십시오.

질문 1) 인간은 완전한 존재입니까?

질문 2) 역사는 결정되어 있다고 생각합니까?

질문 3) 전체는 개인에 우선합니까?

답변 가운데 '아니오'란 답이 3개 나오면, 당신은 확실한 자유 우파입니다. 반대로 '예'가 3개 나왔다면 당신은 확실한 좌파입니다. 지금까지 스스로를 우파라고 생각해왔는데 진단결과 좌파였거나, 지금까지 좌파라고 생각해왔는데 사실은 우파였다는 것을 확인하고 놀라실 수 있습니다.

이 진단 원리를 간략히 설명하겠습니다.

첫째, 자유 우파의 철학은 인간은 불완전한 존재라는 것을 전제로 합니다. 불완전한 인간들이 모여 살기 때문에 이 사회가 불완전할 수밖에 없습니다. 그래서 다수결 제도가 존재하는 것입니다. 다수결은 최종적인 결론이 아닙니다. 일시적인 결론입니다. 불완전한 사람들끼리 모여서 얘기를 하다가 그중에 다수가 일단 이렇게 가보자고 주장을 하니, 가보는 것입니다.

1+1=2라는 수학적 명제가 있습니다. 이것은 다수결과 토론의 대상이 안 됩니다. 1+1=2라는 명제를 다수가 모여서 1+1=3이라고 주장한다고서 해서 1+1=3이 되는 것이 아니기 때문입니다. 수학적 명제는 토론의 대상 즉 투표의 대상이 아닙니다.

인간은 불완전한 존재이며 불완전한 영역에서 삽니다. 이러한 사실을 인정할 때 인간은 겸손해질 수 있습니다.

민주주의가 뭡니까? 대화와 타협으로 다수의 결정을 이루어가는 것 아닙니까? 그런데 대화와 타협은 나도 틀릴 수 있다는 전제가 없으면 불가능합니다. 각자의 생각이 있지만 그 생각이 틀린 것일 수도 있다는 전제입니다. 그래야 생각이 다른 사람과 대화를 하다가 '가만있어봐. 저 사람 말이 아무래도 맞는 것 같아.'라는 생각을 하고, 양보하게 됩니다. 그래야 대화가 되지요. 저는 이것을 '절대적 겸손'이라고 말합니다.

내 생각이 절대적으로 옳다. 나는 절대 틀릴 수 없다고 생각하는 사람과는 대화가 안 됩니다. 대화가 안 되니 타협도 안 됩니다. 자기가 진리라고 확신하는데 순순히 타협하고 양보하겠습니까? 민주주의는 대화와 타협이 키워드입니다. 대화와 타협이 없으면 자유 민주주의의 성립은 불가능합니다.

국회가 대화와 타협으로 정국을 운영해야 한다는 말을 많이 합니다. 그러나 어느 쪽이든 절대적으로 자신들이 믿는 진리를 고집부리는 순간 국회에서의 대화와 타협은 불가능해집니다. 좌파는 자기들의 생각이 절대적으로 옳다고 생각합니다. 청와대와 더불어민주당은 국민의 힘을 적폐 집단이라고 보고 있습니다. 궤멸

시켜야 할, 사라져야 할 낡고 부패한 정치 집단으로 보고 있습니다. 좌파들의 사고 속에서 보면 국민의 힘은 대화할 상대가 아닌 겁니다. 사라져야 할 존재지요. 이런 생각을 갖고 있는데 무슨 양보, 무슨 타협을 할 수 있겠습니까? 국회에서 좌파들의 의회 독재가 횡행하는 이유입니다.

인간은 완전한 존재라는 테제(thesis)에 동의하는 사람들이 좌파고 인간은 불완전한 존재라고 생각하는 사람들이 우파입니다. 이것이 핵심적인 차이점입니다.

둘째, 좌파는 역사는 결정되어 있다고 믿습니다. 헤겔은 마르크스에게 가장 많은 영향을 미친 인물입니다. 헤겔에 의하면 역사란 절대 정신의 발현이고, 그 방향은 이미 결정돼 있습니다. 그 결정론을 방법론적으로 차용해서 마르크스는 역사는 인류 해방의 역사이고, 궁극적으로 모든 계급이 철폐되는 공산주의 사회로 가게끔 예정되어 있다고 말하는 겁니다.

어차피 역사는 계급 없는 공산주의 사회로 흘러갈 것이기 때문에, 좌파가 최종적 승자가 될 수밖에 없다는 것이 좌파의 사고방식입니다. 좌파는 기존 질서를 전복하고, 무너뜨리고, 뒤집어엎어서 정권을 잡으려고 하는 세력들입니다. 사회적으로는 변두리 세력이고 소수파입니다. 이들이 죽을 때까지, 이념에 충성하도록 만들기 위해서는 자신들이 최종적 승리자라고 하는 메시아적인 믿음이 필요합니다.

이들에겐 우리가 반드시 이긴다는 믿음이 있습니다. 종교적 신념과 유사하지요. 마르크스, 레닌, 스탈린, 김정은, 시진핑, 이들 모두 인류 역사란 인민의 승리를 통해 행복한 나라로 가게끔 예정되어 있다고 믿습니다. 프롤레타리아 계급의 궁극적 승리를 믿는 것입니다.

정의당, 통진당(통합진보당), 그리고 더불어민주당 일부도 이런 사고방식에 젖어 있습니다. 물론 그중에는 이러한 신념에 깊이 발을 담그지 않은 사람들도 있을 것입니다. 문제는 이러한 신념을 가진 사람들이 당을 주도하고 있다는 사실입니다. 문재인 대통령은 어떤지 잘 모르겠습니다만 좌파의 이러한 사고방식은 사교 집단들의 맹목적 신앙과 흡사한 사고방식입니다.

자유 우파는 역사가 열려 있다고 생각합니다. 똑같은 상황에서도 대한민국과 일본과 중국이 제각각 다른 선택을 했다고 생각합니다. 즉 미래란 각자 알아서 선택하는 것입니다.

역사 발전에 있어서 큰 흐름은 존재하지만, 역사가 직선적으로 앞으로만 나가지는 않습니다. 굽이굽이 돌아가기도 하고, 후퇴하기도 하고, 나선형처럼 돌기도 합니다. 이러한 패턴이 반복되면서 원시 인류 사회로부터 현대 산업 사회에 이르는 거시적인 역사의 흐름을 형성합니다.

역사의 고비마다 인간은 수십 갈래의 길 위에 섰고, 어느 길로 갈 것인지 매번 선택을 해왔습니다. 이렇게 선택을 해야만 했다는 사실 자체가 역사의 방향이 결정되어 있지 않다는 것을 반증합니다. 이것이 자유 우파의 역사관이고 자유 민주주의의 철학적 기반입니다.

이것은 신앙의 문제가 아닙니다. 철학의 문제입니다. 신앙의 영역에서 본다면 모든 것은 하나님의 뜻에 따라 이루어지게 예정되어 있다고 믿어야지요. 여기서는 종교를 떠나 인류 역사가 닫혀 있는지 열려 있는지를 논하고 있는 것입니다. 종교가 아니라 사회 과학을 얘기하는 것이지요. 사회 과학의 관점에서 또는 철학의 관점에서 볼 때 역사 발전의 방향은 모든 방향으로 다 열려 있어야 합니다. 역사는 열려 있다고 생각하는 사람들이 자유 우파입니다.

셋째, 전체는 개인에 우선하는가? 이것은 매우 중요한 명제입니다. 통상적으로는 전체가 개인보다 더 중요하다고 생각할 수 있습니다. 70억 인류의 운명이 한 사람보다는 더 중요하다고 생각할 수 있습니다. 그러나 그렇지 않습니다. 70억 인류의 운명도 내가 존재해야만 의미가 있기 때문입니다. 내가 없으면 그게 무슨 의미가 있겠습니까? 나라는 존재가 없는데 지구의 운명이 무슨 의미가 있겠습니까? 70억 인류의 운명이든 지구의 운명이든 그것은 내가 존재함으로써 비로소 의미를 지니게 됩니다.

석가모니가 태어나서 외쳤다던 "천상천하 유아독존"이 이러한 의미를 잘 설명합니다. 오만한 것이 아니라 유일한 존재라는 뜻입니다. 유일한 존재인 한 사람 한 사람에 대한 절대적 존중을 전제로 사회 질서가 만들어져야 한다고 생각하는 것입니다. 어떤 사회 질서도 나보다 우선되는 것은 없습니다. 어떤 국가도, 어떤 이데올로기도, 어떤 체제도, 어떤 집단도, 어떤 조직도 나보다 더 중요한 존재는 없는 겁니다.

여러분들도 똑같습니다. 어떤 경우에도 개인이 전체에 우선하고, 개인이 전체보다 더 중요합니다. 전체는 작은 모임일 수도 있고, 정당일 수도 있고, 국가일 수도 있고, 우주일 수도 있습니다. 이 모든 조직보다 바로 여러분 한 사람 한 사람의 존재가 더 중요하고 소중하고 절대적이라고 보는 것이 자유 우파입니다.

좌파는 정반대로 생각합니다. 좌파는 '개인'이 아니라 유적 존재(類的 存在: species-being : 자연적 존재이자 사회적 존재로서의 인간의 보편적 존재 방식)라는 애매모호한 추상적 표현을 씁니다. 개별적·개인적 존재 방식이 아니라 자연적, 사회적 존재로서 인간의 총체적인 존재 방식을 의미하는 유적 존재라는 말을 사용함으로써 프롤레타리아 계급을 개인보다 앞세웁니다. 공산당이라는 조직을 개인보다 앞세웁니다. 사회 유기체론을 도용해서 수령이라는 존재를 개인보다 앞세웁니다.

참고로 수령론(*김일성 유일 지배 체제를 확립하기 위한 북한의 방법론)에 대해 간단히 설명하겠습니다. 사람에겐 손이 있고 손가락이 있고, 발이 있고, 발가락이 있습니다. 개인은 손이거나 손가락이거나 손톱이거나 발이거나 발가락입니다. 수령은 머리입니다. 한자로 머리 수(首)자를 씁니다. 한 사회를 이렇게 유기체적으로 설명을 할 때 제일 중요한 게 뭐냐? 바로 머리입니다. 손가락은 하나 없어도 발가락은 하나 없어도 심지어는 손이 하나 없어도 생명체는 존재할 수 있지만, 머리가 없으면 생명체로서 존재할 수 없다는 이론입니다. 따라서 나머지 지체들은 머리인 수령을 옹호하고 보호하기 위해서 자신을 언제든지 희생할 수 있다고 생각해야 합니다. 도마뱀이 꼬리 자르고 도망가는 것과 유사한 방식으로 사회를 설명하는 것이지요. 이런 식으로 공산주의 좌파 사회에서는 전체가 개인보다 우선합니다.

반면 자유 민주주의 사회에서는 어떤 경우에도 전체가 개인보다 우선할 수 없습니다. 개인은 절대적으로 중요한 존재이고, 모든 것은 개인에서 비롯되는 것입니다.

세 번째 질문을 잘 이해하지 못해 동그라미를 치신 분들이 있을 겁니다. 대한민국의 근대화 과정에서 겪었던 경험이 한 원인으로 작용했다고 볼 수 있습니다. 이승만 대통령, 박정희 대통령 시대를 거치는 동안 늘 국가가 주도하고, 국가가 앞장서서 산업화, 근대화를 이루어냈지요. 그러다 보니 이러한 압축적 근대화 역사 속에서 개인보다는 국가가 중요하고, 우리 사회 전체를 발전시켜야 한다고 하는 국가 주도 성장 담론에 젖어 있었습니다. 그 결과 자유주의와 개인주의, 또 성숙한 한 사람의 존재가 우주 전체보다도 더 중요하다는 철학적 사고가 상대적으로 부족했습니다. 이런 주장을 하면 이기적인 사람으로 매도되기도 했습니다. 그래서 첫 번째 질문과 두 번째 질문에서는 별 고민 없이 '아니오'라고 대답했지만 세 번째 질문에서는 주춤하면서 고민을 했을 겁니다. 그래도 '아니오'라고 답하시는 분들이 많습니다. 이렇듯 소신껏 올바른 답변을 할 수 있도록 철학적인 설명이 필요했습니다.

좌파들의 사상은 사상이라기보다 미신에 가깝습니다. '인간은 완전할 수 있다, 역사는 결정되어 있다, 전체는 개인에 우선한다.' 지금 문재인 정권이 보이는 태도가 전형적으로 그런 겁니다. 우리는 먼저 좌파들과 철학적으로 싸워 이겨야 합니다. 철학적으로 먼저 이겨야 정치적으로 이길 수 있고, 현실 정치 속에서도 우리가 당당하게 올바른 정치 노선을 가진 세력으로 평가 받고 지지 받게 되는 것입니다.

02
무엇이 우리를 자유롭게 하는가?

　자유란 무엇일까요? 헤겔이라는 철학자가 있습니다. 그는 마르크스가 가장 영향을 많이 받은 철학자죠. 관념론자이면서도 아주 절대적인 일원주의자입니다. 독일 관념 철학의 대부라 할 수 있는 사람입니다. 헤겔은 이렇게 말합니다.
　"세계사는 자유 의식의 진보다. 역사의 진보는 필연이다."

　인류 역사는 자유 의식 확장의 역사이고, 자유 확장의 역사이며, 자유 실현의 역사라는 말입니다. 인류는 필연적으로 자유 실현의 방향으로 가게 되어 있다는 말입니다. 여기서 말하는 자유는 매우 포괄적인 의미를 지니고 있습니다. 예컨대, 굶주림으로부터의 자유도 자유입니다. 코끼리, 호랑이, 매머드 같은 흉포한 맹수에게 잡아 먹히지 않을 자유도 자유입니다. 사실 현대인이 중시하는 생명, 안전, 생태, 이런 것도 헤겔적 개념에서는 자유인 것입니다. 자연으로부터의 자유죠.

현재 우리에게 핵심 의제로 다가온 자유는 헤겔 이후, 근대 사회가 성립되는 과정에서 형성된 근대적 개념의 자유입니다. 이 근대적 개념의 자유를 정립하는 과정이 시민 혁명의 과정이었습니다. 시민 혁명을 거치면서 이론적으로, 철학적으로 자유의 개념을 정립하는 과정에서 등장한 인물들이 있습니다. 계약론자들로 불리워지는 홉스, 로크, 루소입니다. 이들 가운데 존 로크와 존 스튜어트 밀, 이 두 사람은 자유 우파의 관점에서 가장 중요한 정치 사상가입니다.

이들이 말하는 자유란 무엇일까요? 이들은 기본적으로 무엇, 즉 어떤 것으로부터의 자유를 주장했습니다. 그런데 17세기, 18세기의 시민 혁명기에 자유를 억압한 것들은 무엇이었을까요? 그것은 폭력, 자의적 통치, 즉 전제 군주였습니다. 근대 사회와 봉건제 사회를 한번 생각을 해보십시오. 봉건 사회에는 자유로운 시민이 존재하지 않습니다. 봉건 영주, 절대 군주에 의해서 통제되는 피지배 계층만이 존재합니다. 이들의 삶은 거의 동물의 삶에 가깝습니다.

초야권(初夜權)에 중세 봉건 시대의 야만과 폭정이 잘 담겨 있습니다. 초야권은 유럽에서 15세기, 16세기까지 존속되었습니다. 초야권은 결혼식 날 신부의 첫날밤을 영주가 보내는 권리입니다. '내가 이 세상의 주인이다.'라는 선언을 초야권을 통해 과시하는 것이었죠.

영주가 지배하는 영지에 거주하는 모든 사람은 영주의 자산이고 도구이고 수단이었습니다. 일하는 도구, 애 낳는 도구였던 셈이죠. 독립된 인격체라고는 도저히 말할 수 없습니다. 청춘남녀의 결혼 역시, 사랑의 열매가 아니라, 노동력인 아이들을 낳게 하기 위한 수단이었던 것입니다.

축산업에서는 혈통 좋은 종마, 종우 또는 종돈을 잘 배양해서 재생산을 하지요. 이들의 결혼 역시 본질적으로 동물의 교배와 크게 다르지 않았습니다.

이 얼마나 자의적 통치이며 폭력적 통치입니까? 15-16C경부터 사람들은 봉건 시대의 이러한 폭압적 권력 구조로부터 벗어날 자유를 주장하기 시작했습니다. 초야권 폐지 주장도 같은 맥락이었습니다. 너무도 당연하고 상식적인 권리도 투쟁을 통해 얻어내야 했습니다. 이것이 바로 근대 시민 사회를 등장시킨 시민 혁명의 근본 인식이었습니다. 이러한 이유로 지금 우리가 얘기하는 자유 우파의 자유, 자유 민주주의의 자유를 자의적인 통치, 폭력적인 통치로부터의 자유라고 말하는 겁니다. 그러므로 자유는 공공의 이익을 저해하지 않는 범위 안에서 무한대로 확장되어야 합니다. 그래야 자의적 통치와 폭력적 통치로부터 벗어난 진정한 자유라 할 수 있습니다.

자유는 '무엇 무엇을 해야 한다.'가 아니라 '무엇 무엇은 하면 안 돼'라는 규정입니다. '무엇 무엇을 해야 한다'고 규정하면 그 밖의 나머지는 하면 안 되지요. 진정한 자유는 '이것은 하면 안 돼요. 저것은 하면 안 돼요.'라고 규정합니다. 그래야 규정되지 않은 모든 것을 할 수 있게 됩니다.

도둑질을 해서는 안 됩니다. 도둑질은 다른 사람의 재산을 침해하는, 공공의 이익을 범하는 행위이기 때문입니다. "살인"도 마찬가지입니다.

기독교의 십계명이나 단군 시대의 7조 금법에는 아주 핵심적인 범죄만을 규명하고 있습니다. 사람을 죽이면 안 되고, 남의 재산을 훔치면 안 된다는 식이지요. 이러한 규정 외의 것은 무엇이든지 할 수 있게끔 자유를 부여합니다.

"…은 안 돼." 식의 네거티브 규제 방식에 따르면 안 된다고 하는 것만 빼고는 무엇이든지 할 수 있게 됩니다. 물건을 훔치면 안 되고 친구들을 함부로 때리면 안 된다는 교칙이 있다 합시다. 때리지 않고 물건을 훔치지만 않으면 모든 것을 다 할 수 있으니까 캠퍼스에서 웃통을 벗고 해바라기를 해도 상관없는 겁니다.

슬리퍼를 신고 다녀도, 교정에서 친구들끼리 모여서 소주 한잔을 해도 상관없는 겁니다. 자유는 그렇게 제한이 없어야 하는 겁니다. 제한할 때는 공공의 이익을 위배하거나 위해할 경우도 구체적으로 명시해야 합니다. 그래야 뭘 하면 안 되는지 다시 말해 뭘 해도 되는지를 정확하게 구별할 수 있겠지요. 이렇게 되면 매번 국가에 안 물어봐도 되지 않겠습니까?

대학생들이 캠퍼스 잔디밭에서 소주 한잔을 하려고 할 때, 총장한테 '저희 지금 캠퍼스에 둘러 앉아서 소주 한잔 해도 되나요?' 이렇게 물어보지 않지요. 만일 '캠퍼스에서는 소주 마시면 안 됩니다.'라는 규정이 있다면 마시면 안 되겠죠. 그런 규정이 없다면 마셔도 된다는 뜻입니다.

이처럼 특정 행위를 금지할 때는 구체적인 기준에 근거한 구체적인 규정이 있어야 합니다. 왜 그런 규정이 필요한지에 대한 이유도 분명해야 하지요. 더 나아가 그것을 어겼을 때의 벌칙에 대해서도 상세하게 명시되어야 합니다. 그래야 사람들이 금기 사항을 인지하고 지킬 수 있습니다. 이것이 법치입니다.

21세기 대한민국에서 자유란 무엇일까요? 문재인 좌파 정권의 폭력적, 자의적 통치로부터 자유로운 것이 자유입니다. 나는 지난 30년간 오로지 정치 평론을 하면서 방송 활동을 해왔습니다. 그런데 문재인 정부 들어서 생각이 다르다는 이유만으로, 또는 정전에 비판적이라는 이유만으로 프로그램에서 하차하는 일이 잦아졌습니다. 이것이야말로 폭력적 배제 방식이고 자의적인 통치 아닙니까? 문재인 좌파 정권의 자의적 통치, 폭력적 통치로부터 자유로워야 비로소 실질적인 자유가 구현되는 겁니다.

지난 300년간의 인류 역사는 바로 이 자유를 쟁취하기 위한 역사였습니다. 자의적 통치, 폭력적 통치로부터의 자유를 획득하고 쟁취하기 위한 역사였습니다. 자유를 쟁취하기 위한 투쟁을 우파가 해온 것입니다. 우리가 '자유 우파'라는 말을 할 때는 300년의 자유의 역사, 자유 진보의 역사, 자유 확장의 역사의 주체라는 사실을 자부심을 갖고 말하는 것입니다.

자유 우파 정당인 국민의 힘이 '자유 우파란 단어를 쓰지 말자.'고 하는데 여러분은 동의할 수 있습니까? 나는 동의할 수 없습니다. 차라리 국민의 힘에 대한 지지를 철회하고 말지, 자유 우파란 말도 쓰지 말자는 국민의 힘의 노선을 따라갈 수는 없습니다. 왜냐구요? 자유는 근대 국가의 시민으로 존재하는 출발점이자 기반이기 때문입니다.

"대한민국은 자유 민주공화국이다."(대한민국 헌법 제1조 제1항 대한민국은 민주공화국이다. 4조, "대한민국은 통일을 지향하며, 자유 민주적 기본 질서에 입각한 평화적 통일 정책을 수립하고 이를 추진한다.")

지금까지 이 가치를 일구어 온 주체가 바로 자유 우파입니다. 그런데 '자유 우파'란 단어를 쓰지 말라면 "차라리 당을 해체하지."라고 말하겠습니다.

03
자유 우파와 좌파는 뿌리부터 다르다

　자유 우파와 좌파는 인간에 관한 생각부터 완전히 다릅니다. 세상의 중심인 인간에 대한 개념 자체가 다릅니다. 자유 우파와 좌파는 뿌리부터 다릅니다. 뿌리가 다르니 그 열매인 사고방식과 행동 양식도 당연히 다릅니다.

　자유 우파는 인간에 대해 어떻게 생각할까요? 자유 우파는 인간을 불완전하고 오류가 많은 존재로 봅니다. 불완전하고 오류가 많은 존재이니 절대자가 될 수 없습니다. 기독교적인 관점에서 보면 이해가 쉬워집니다. 기독교에서는 절대자 하나님 앞에 선 인간은 불완전한 피조물입니다. 기독교의 신앙은 절대자인 하나님 앞에서 자신은 보잘것없는 존재이며, 혼자서는 아무것도 할 수 없다는 것을 고백하는 데에서 출발합니다.

불완전한 존재에게 오류가 있는 것은 당연합니다. 인간은 이 오류를 계속해서 수정해나갈 수밖에 없는 운명을 지닌 존재입니다. 아버지 세대 때 잘못됐던 것을 우리 세대가 고쳐가야 하고, 우리 세대에서 잘못된 것은 다음 세대가 고쳐갈 것입니다. 인류는 수십만 년에 걸쳐 이러한 계승과 개선의 과정을 밟아왔습니다. 최초의 인간으로부터 현세대에 이르기까지 수많은 수정과 보완을 거치면서 점차 완전을 향해 나아가고 있습니다. 그럼에도 인간은 결코 영원하고 완전한 존재가 될 수는 없습니다. 인간은 신이 아니며 아무리 인지가 발달해도 여전히 한계지워진 존재이기 때문입니다.

지금 우리가 누리고 있는 세상의 모든 인식 체계, 철학, 지식, 지혜는 하루아침에 형성된 것이 아닙니다. 수십만 년 전, 최초의 인류로부터 시작된 수많은 오류와 실험 과정을 거치면서 입증되고 진화된 진리가 진액처럼 모인 것입니다. 이러한 정수(精髓)가 교육을 통해 세대에서 세대로 이어지고 있는 것입니다. 공자가 『논어』에서 말한 '온고이지신(溫故而知新)'이 바로 이것입니다. 옛 지혜로부터 깨달음을 얻고, 그것을 더 새롭게 만들어가는 과정, 이것이 바로 진정한 교육입니다. 고전이 중요한 이유도 바로 이 때문입니다. 인류의 역사는 이렇듯 끊임없는 개선의 과정, 보완의 과정, 개혁의 과정인 것입니다.

인간을 영원히 완전할 수 없는 존재로 보는 것이 바로 자유 우파의 인간관입니다. 반면에 좌파는 인간이 완전한 존재가 될 수 있다고 믿습니다. 달리 표현하면 인간이 신적 존재가 될 수 있다는 것입니다. 그래서 세상의 모든 것을 다 계획하고 실행할 수 있다고 생각합니다. 예컨대, 우주의 기원도 다 파악할 수 있다고 생각합니다. 기원을 파악한다는 것은 곧 그 끝도 파악한다는 뜻이 됩니다. 시작을 온전히 이해하면 끝도 예측할 수 있다는 것입니다. 지금은 과학 기술이 덜 발달해서 우주의 기원에 대해 모르는 것이 많지만, 언젠가는 완전히 알게 될 것이라고 확신합니다. 그때가 되면 인간은 자연과 우주를 완전히 이해하고 움직이는 존재가 될 수 있다고 주장합니다.

이러한 인간관이 현실 속에서 어떻게 나타날까요? 두 가지 형태로 나타납니다. 첫째, 당(黨)이라는 형태로 나타납니다. 무오류의 존재임을 자처하는 공산당의 존재가 그것입니다. 그다음 단계에서는 그 당을 이끄는 절대자, 곧 수령의 형태로 나타납니다. 김일성, 김정일, 김정은, 좀 더 거슬러 올라가면 레닌, 스탈린, 모택동, 카스트로 등이 다 이 같은 무오류의 절대 지존입니다. 이들은 신적인 존재입니다. 오류가 없는 신적 존재, 이를 북한에서는 '최고 존엄'이라고 표현합니다. 김일성, 김정일, 김정은 '수령'은 완전한 존재이니까 대중은 그들이 인도하는 대로 따라가기만 하면 됩니다. 누가 감히 이들에게 "틀렸다."고 말할 수 있겠습니까? 인간이 하나님을 향해 "당신이 틀렸습니다."라고 감히 말할 수 있겠습니까? 하나님의 아들인 예수님도 순종함으로 십자가의 죽음을 기꺼이 감당하지 않았습니까?

좌파는 모든 인간이 완전할 수 있는 세상이 언젠가는 이 땅에 도래할 것이라고 믿습니다. 유토피아가 바로 그것입니다. 지금은 불완전한 인간들이지만 사회주의 혁명을 하고 그 과정에서 인간이 개조되면 모두 완전한 존재가 될 수 있다고 믿습니다. 이것이 사회주의 혁명 과정에서 인간 개조가 핵심 과제가 되는 이유입니다. 인간 개조는 정치범 수용소를 포함한 많은 수용소를 필요로 합니다. 시간이 많이 걸리고 설득과 동의라는 답답한 과정을 거쳐야 하는 개혁보다는 인간 개조를 통해 자신들이 꿈꾸는 세상을 바로 만들 수 있는 혁명을 주장하는 이유입니다.

이렇게 해서, 자유 우파는 개혁 노선으로, 좌파는 혁명 노선으로 갈라집니다. 둘의 충돌은 역사적으로 불가피합니다. 이 두 노선은 본질, 즉 뿌리부터가 다르니 드러나는 열매 역시 다르지 않겠습니까?

04
보수, 제대로 알자!

보수란 무엇인가?

좌파들이 교묘하게 여론 조작을 하는 것 중의 하나가 '보수가 낡고 병들어서 진보가 나타났다'는 것이지요. 보수가 오랫동안 이 사회를 지배하다 보니까 낡고 병들어서 더 이상 사회를 이끌 힘이 없어져서 진보가 나타나서 개혁하고 혁명하게 됐다는 겁니다.

언뜻 들으면 그럴듯해 보여도 이것은 사실이 아닙니다. 정치 사상사에서 최초로 보수주의라는 단어를 쓴 사람은 에드먼드 버크입니다. 에드먼드 버크는 영국의 진취적인 국회 의원이었고 후에 보수주의의 아버지라고 불립니다.

에드먼드 버크는 자유 보수주의(Liberal conservatism) 정치 철학을 소책자 형태로 출간했습니다. 『프랑스 혁명에 관한 고찰』이라는 제목의 책입니다. 정치 사상사에서 보수주의라고 하는 개념을 처음으로 정립한 책입니다. 이 책은 1790년에 출간됐습니다. 프랑스 혁명은 1789년에 일어났습니다. 혁명이 일어난 지 1년 후인 1790년에 『프랑스 혁명에 관한 고찰』이라고 하는 에드먼드 버크의 보수주의의 정치 철학 소책자가 발간됐습니다. 자, 프랑스 혁명이 먼저였습니까, 에드먼드 버크의 보수주의가 먼저였습니까? 혁명이 먼저 있었습니다. 그다음에 보수주의가 나타난 겁니다.

좌파들이 선전하듯이 보수주의가 먼저 있었는데, 보수주의가 낡고 병들어서 그걸 대체하기 위해서 혁명과 진보가 나타났다는 것은 역사적 사실이 아닙니다. 1789년에 혁명이 먼저 나타났습니다. 지금까지 보지 못했던 혼란이 나타난 겁니다. 기존 질서가 완전히 뒤집히고 수많은 사람들의 목이 길로틴에서 잘려나가고, 지금까지 볼 수 없었던 전면적 혼란과 내전 상태라고 하는 혼돈(chaos) 상태가 계속된 겁니다.

바다 건너 영국의 국회 의원이었던 에드먼드 버크는 멀리서 프랑스 혁명을 지켜보면서 '저게 도대체 무슨 일이냐? 도대체 프랑스에서는, 도대체 지금 무슨 일이 벌어지고 있는 거야.' 에드먼드 버크는 사태의 진상을 정확하게 파악하기 위해 직접 프랑스로 갑니다. 프랑스에 가서 직접 관찰한 결과 탄생한 것이 "프랑스 혁명에 관한 고찰"이라는 리포트입니다.

이 책을 당시의 에드먼드 버크가 된 심정으로 간단히 정리해보면 이렇습니다. 프랑스에 가봤더니 완전히 지옥과 같은 상황이 벌어지고 있었다. 교회도 부정당하고, 수천 년간 내려온 인류의 지혜도 부정당하고, 사회 질서도 무너지고, 소유권도 다 부정당하고, 어떻게 이렇게 무서운 세상이 올 수 있느냐? 이걸 막지 않으면 프랑스처럼 영국도 당할지 모르겠다.

혁명을 막으려면 어떻게 해야 하나? 영국에도 프랑스처럼 혁명의 파도가 쓰나미처럼 몰아 닥쳐올 수 있는데, 혁명의 쓰나미를 피해가려면 어떻게 해야 할까? 이것이 영국 국회 의원 에드먼드 버크의 핵심 화두였습니다.

혁명을 막기 위해서 뭘 해야 할까요? 내부적인 개혁이 필요합니다. 앙시앙 레짐은 프랑스 혁명의 타도 대상이었습니다. 앙시앙 레짐이란 "구체제"라는 뜻이지요. 즉 앙리 4세에서 루이 16세에 이르는 부르봉 왕가의 체제입니다. 이들의 국정 운영이 얼마나 엉망이었던지, 수십 년 전부터 하층민의 봉기 조짐이 여러 가지로 나타났습니다. 그런데도 지배 계층이 깨닫지 못하고 욕심과 탐욕 속에서 세월을 보낸 것입니다. 그 결과 곪아 터질 대로 터진 시민들의 불만이 혁명으로 분출되었습니다. 마침내 뒤집힌 것입니다. 따라서 영국이 프랑스의 전철을 밟지 않으려면 영국 왕실과 귀족과 부르주아 시민들이 선제적으로 자체 개혁을 해야 한다는 것입니다. 하층민들이 불만을 품지 못하도록 조속한 개혁을 촉구한 것이지요. 개혁이야말로 혁명을 막을 수 있는 가장 효과적인 수단입니다. 이것을 에드먼드 버크는 보수주의라고 표현을 한 겁니다.

개혁하는 보수만이 혁명에 맞설 수 있습니다. 보수는 선배들로부터 좋은 점들을 계승하고, 문제점들을 지속적으로 수정 보완합니다. 이러한 보수의 선제적 행동을 '수동 혁명(Passive revolution)'이라고 칭했습니다. 혁명에 대항하기 위한 혁명인 셈이지요.

이제 우리도 과연 진정한 보수가 무엇인지에 대한 문제 의식을 가져야 합니다. 에드먼드 버크는 혁명에 대항해서 우리 스스로를 변화시키는 것이 보수라고 했습니다. 1917년, 러시아의 차르 정권은 공산주의 혁명에 맞서기 위해 어떻게 해야 했을까요? 먼저 근대화 혁명을 해야 했습니다. 1949년, 마오쩌둥의 공산당 혁명을 분쇄하기 위해 장개석 정부가 어떻게 해야 했을까요? 부정과 부패를 먼저 척결하는 자체 개혁을 해야 했습니다.

그렇다면 대한민국의 우파는 김일성과 박헌영이 손잡고 소련과 중공의 지원을 받아 전면 남침까지 강행한 조선노동당의 공산주의 혁명에 대응하기 위해서 무엇을 해야 했을까요? 이승만 대통령은 무엇을 했을까요? 토지 개혁을 먼저 했습니다. 그리고 박정희 대통령은 근대화를 추진했지요. 북한 혁명에 대항하기 위한 대항 혁명(counter-revolution)을 한 것입니다. 이것이 건국의 혁명이고, 근대화의 혁명입니다. 좌파 혁명에 맞서서 가장 효율적으로, 우리를 지켜낸 대항 혁명을 해낸 나라가 대한민국이고, 대항 혁명을 해낸 리더가 바로 이승만과 박정희였습니다.

전 세계 보수주의자 정파들은 대한민국을 기적의 땅으로 봅니다. 절대적으로 불리한 조건에서 소련과 중공이라는 사회주의 강국들의 직접적 지원을 받아 추진한 공산주의 혁명에 맞서서 대항 혁명으로 자유 민주주의와 시장 경제를 기적같이 지켜낸 나라가 바로 대한민국입니다. 바로 거기에 이승만이라는 걸출한 정치지도자와 박정희라는 걸출한 영웅이 있었습니다. 대한민국의 자유 우파는 바로 그런 전통에 서 있으므로 자유 세계의 어떤 보수 진영도 대한민국을 무시하지 못합니다.

다시 한 번 묻습니다. 보수란 무엇입니까? 국민의 힘의 김종인 대표는 보수라는 말이 창피하니 쓰지 말자고 합니다. 우파니 좌파니 하는 말도 쓰지 말자고 합니다. 자유 우파라는 말도 쓰지 말자고 합니다. 그렇다면 무슨 말로 우리를 표현할 것입니까? 깃발다 내리고, 이념 전쟁을 하자는 말일까요? 자신의 정체성에 대해 제대로 설명도 못 하면서 국민한테 표를 달라고 할 것입니까?

아무리 힘들더라도 대한민국의 건국과 근대화를 이뤄낸 대한민국 보수의 당당함을 다시 회복하는 것이 중요합니다. 낡았다고 버리고 깃발도 없이 싸우자는 것은 아예 싸우지 말자는 것이나 똑같습니다. 자유란, 보수란 그렇게 휴지처럼 버릴 수 있는 가벼운 것이 아닙니다. 수십 년, 수백 년, 자유 우파의 피와 땀이 묻어 있는 그 정신과 역사를 함께 나누기를 바랍니다.

05
역사를 어떻게 볼 것인가?

　역사를 보는 시각은 필연론과 열린 전개론으로 구분할 수 있습니다. 필연론은 역사 전개의 방향이 정해져 있다는 주장입니다.

　역사의 필연론을 지지하는 사람들은 의외로 많이 있습니다. 이를테면, 기독교인들은 구원을 받아 영원한 나라로 간다는 필연론을 믿습니다. 인간은 언젠가는 하나님의 뜻에 따라 하나님 곁으로 가게 된다는 믿음이지요. 이러한 필연론의 종교적 교의이기 때문에 과학적, 논리적 논쟁 대상이 될 수 없습니다. 기독교인들은 그렇게 믿으면 되고 기독교인이 아닌 사람들은 그렇게 믿지 않으면 됩니다.

　그렇다면 좌파의 필연론은 어떨까요? 좌파는 인류 역사는 필연적으로 계급이 없는 평등 사회로 가게 된다고 주장합니다. 공산주의 사회가 필연적으로 도래한다는 겁니다. 좌파의 필연론의 종착점은 공산주의입니다. 마르크스(1818-1883)의 필연적 역사관인, 유물 사관의 결론이 그것입니다.

헤겔은 역사를 절대정신의 구현으로 보았습니다. 헤겔은 절대정신을 언급하면서 인류 역사는 이 절대정신 발현의 과정이라고 주장했습니다. 그 과정에서 수많은 우여곡절을 겪지만 결국은 절대정신 발현에 필연적으로 도달한다는 것입니다.

마르크스는 자신의 사상적 스승인 헤겔의 관념주의적 역사관을 유물 역사관으로 발전시켰습니다. 이들 역사관의 핵심은 인류 역사라고 하는 것이 때로는 우회하기도 하고, 후퇴하기도 하지만 결국은 계급 없는 공산주의 사회에 필연적으로 도달한다는 것입니다. 다시 말해서 최후의 승리는 좌파의 것이라는 겁니다. 그때가 백 년 후가 될지, 수천 년 후가 될지는 모르지만 언젠가는 반드시 필연적으로 도래하리라는 것입니다. 인류의 역사는 공산주의를 향한 기나긴 여정이 되는 셈입니다. 그 여정이 곧 역사이고요.

이 나라의 좌파 역시 그들이 필연적으로 승리한다고 확신합니다. 공산주의 사회가 언젠가는 꼭 온다는 것이지요. 이런 믿음으로 당장의 패배를 극복하고 이겨내야 한다고 주장합니다. 그래서 수십 년 장기수로 살면서도 악착같이 자신의 이념을 포기하지 않고 매달리는 겁니다.

『역사의 종언』의 저자 프란시스 후쿠야마는 일본계 미국인 3세로서 하버드 대학교에서 정치학 박사 학위를 받았습니다. 그가 역사의 종언을 주장한 때는 1980-1990년대입니다. 1980년대 후반, 소련을 비롯한 사회주의 국가들이 붕괴하지요. 이것은 공산주의가 필연적으로 승리한다는 마르크스의 역사관에 반(反)하는 사건입니다. 공산주의 국가가 다 망한 겁니다. 이러한 현실을 본 후쿠야마는 마르크스식 필연론적 역사는 이제 끝났다고 단정한 것입니다. 후쿠야마의 '역사의 종언' 선언은 인류의 역사가 끝이 났다는 뜻이 아니라, 마르크스의 필연적 역사관이 더는 의미가 없다는 선언이었던 것입니다.

좌파는 역사를 필연론적 관점에서 봅니다. 공산주의가 망한 후에도 공산주의가 필연의 맨 끝에 있는 궁극적인 도달점이라고 생각합니다.

남파 간첩이었다가 잡힌 사람들이 있습니다. 또 남한에서 자생적으로 공산주의자가 돼서 30년, 40년 감옥을 살게 된 미전향 장기수들도 있습니다. 문재인 대통령이 존경해 마지않았던 신영복 같은 사람 말이지요. 이들의 죄는 절도도 살인도 아닙니다. 사상범이지요. 사회에서 금기시하는 사상을 고수하고, 그 사상에 따라 행동했기 때문에 무기수로서 30년, 40년을 옥살이 한 것입니다. 이들이 어떻게 그 긴 세월을 버텼을까요? 언젠가는 승리할 것이라는 믿음이 있었기 때문입니다. 이 믿음은 바로 좌파의 필연적 역사관에 따라 이미 예정된 것입니다.

'감옥 생활을 오래 한들 뭐 큰일이겠는가! 언젠가는 나가게 될 것이고, 승리자가 될 텐데.'라는 신념으로 하루하루를 버텨낸 것이지요. 좌파의 이러한 신념은 거의 종교적 신앙과 같습니다. 아주 끈질기고 강인합니다. 그래서 30년, 40년 감옥 생활을 하면서도 전향하지 않고 버티는 것입니다.

이해찬의 '20년 집권, 50년 집권' 발언이 문제가 된 적이 있지요. 그들이 지닌 필연적 역사관을 감안하면, 단순한 말실수로 보기 어렵습니다. 좌파는 모두 본질적으로 마르크스의 '필연론'적 역사관으로 무장돼 있는 것입니다.

자유 우파의 역사관은 어떻게 다를까요? 자유 우파는 역사가 열려 있다고 봅니다. 특정 방향으로 정해져 있는 것이 아니라 어디로든 갈 수 있게 열려 있다는 것입니다.

칼 포퍼는 『열린 사회와 그 적들 Open Society and Its Enemies』에서 민주주의는 열려 있어야 한다고 말합니다. 모든 가능성이 다 열려 있어야 민주주의라는 것이지요. 역사 발전도 어딘가로 방향이 정해져서 가는 게 아니라는 겁니다. 수많은 국민이 또 인류가 각자 알아서 움직이고 그 움직임의 상호 작용이 작동되는데 따라서 역사가 흘러가는 방향이 결정된다는 것입니다. 지구온난화 문제를 해결 못해서 지구가 진짜 망해버릴 수도 있고, 지구온난화 문제를 슬기롭게 잘 해결해서 지구가 지금보다 훨씬 더 쾌적한 살기 좋은 행성이 될 수도 있다는 것입니다. 그것은 우리들 각자의 선택과 행동에 달려 있는 것이지요.

'로마 클럽'이라는 지식인 모임이 있었습니다. 1968년 서유럽의 과학자·경제 학자·교육자·경영자들이 모여 만든 민간단체였습니다. 로마 클럽의 목적은 인구 문제, 환경 문제 등 인류 공통의 문제에 대해 인류의 관심을 촉발하고 대안을 모색하는 것이었습니다.

로마 클럽 보고서가 나왔을 때 많은 사람들이 경악했습니다. 내용이 매우 충격적이었기 때문입니다. 이대로 가면 조만간 에너지가 고갈될 것이고, 인구는 급격하게 늘어날 것이며, 결국 지구는 멸망하게 된다는 내용이었죠.

로마 보고서를 보고 또 다른 많은 미래 학자들이나 전문가들은 말했습니다.

"로마 클럽 보고서가 나왔기 때문에 지구는 망하지 않을 것이다. 로마 클럽 보고서가 너무나 사실적으로 인류의 어두운 미래를 그려 보여주고 있으므로 인류는 지금부터 다른 길을 찾아갈 것이다."

50년이 지난 지금 상황은 어떻습니까? 50년 전에 발조된 로마 클럽 보고서대로 되었나요? 아닙니다. 인류는 로마 클럽 보고서의 경고를 피해 여기까지 왔습니다. 인류는 경험 속에서 끊임없이 자신의 오류를 발견하고, 고치고, 보완하고 전진하는 존재입니다. 미래가 특정 방향으로 미리 정해져 있다는 주장은 그래서 잘못된 것입니다.

모든 사람이 다 독립적이고 독자적인 결정을 하는 주관적인 독립 개체들인데, 이 개체들이 각자 알아서 행동하는데, 그 수십억의 인류가, 대한민국 5,000만 국민이 각자 자기의 생각과 이해관계에 따라서 움직이는데 그것에 특정 방향이 미리 정해져 있다는 건 있을 수 없죠. 종교에서는 가능합니다. 종교에서는 이 모든 것이 하나님의 섭리니까, 저 나뭇잎에 떨어지는 물방울 하나에도 부처님의 뜻이 담겨 있다고 설명 하니까, 종교에서는 모든 것이 예정돼 있다고 주장할 수 있습니다.

정치는 종교가 아닙니다. 정치와 사회 과학의 영역에서 인류 역사 발전의 종착점이 미리 정해져 있다라고 주장하는 것은 정치를 종교로 만드는 것입니다. 이론이 교리로 바뀌는 거죠. 거듭 강조하지만 미래는 아무도 모릅니다. 결정돼 있지 않습니다. 우리가 "지금, 여기에서" 어떻게 하는가에 따라 결정되는 것입니다.

역사는 열려 있어야 합니다. 닫혀 있다고 믿는 순간 독재가가 되는 겁니다. 닫혀 있는 것에서는 어떤 가능성도 존재하지 않습니다. 닫힌 역사관을 가진 집단은 대중의 뜻을 따라 정치하지 않고 대중을 자신들이 의도하는 방향으로 가게 하기 위해 강제력 행사를 불사합니다. 이렇게 되면 아무리 민주주의 공정, 정의를 내세워도 이미 민주주의가 아닙니다. 칼 포퍼는 『열린 사회와 그 적들』에서 거듭 강조합니다. 선거 결과를 누구라도 뻔히 예측할 수 있다면, 그것은 이미 민주주의 선거라고 할 수 없다. 북한에서도 선거를 합니다. 김정은도 출마합니다. 공정한 선거라면 김정은이 떨어질 수도 있어야지요. 그러나 전 세계 그 누구도 김정은이 떨어질 것으로 예측하지 않습니다. 김정은이 당선되는 확률은 100%입니다. 이런 선거는 선거가 아닙니다. '선거'라는 이름 그 자체는 거대한 쇼에 불과합니다.

결과가 뻔히 보이는 투표는 정당성을 과시하기 위한 형식이고, 쇼일 뿐입니다. 우리나라의 경우 수도권과 충청권을 제외하고 호남과 영남의 선거 결과는 대략 예측이 가능하지 않습니까? 이런 현상은 어제오늘의 일이 아닙니다. 선거 지도를 보면 한쪽은 시퍼렇고, 다른 한쪽은 시뻘겋지요.

칼 포퍼의 테제에 비춰볼 때, 4.15 선거에서 호남은 선거라는 거대한 이벤트를 치른 셈입니다. 수도권, 충청권과 영남 지역 일부만 진짜 선거를 치렀던 겁니다. 그래서 우리는 지역주의 해체를 주장하는 겁니다. 호남 지역주의든 영남 지역주의든 지금과 같은 상황이 계속되면 민주주의의 가장 중요한 메커니즘인 선거 기제가 민주적으로 작동이 안 되기 때문입니다.

거듭 말하지만 자유 우파의 역사관은 열려 있습니다. 모든 것이 가능합니다. 이러한 명제는 역사뿐 아니라 개개인의 삶에도 적용됩니다. 좌파는 노동자의 자식은 노동자가 될 것으로 단정하고, 자식들한테도 어릴 때부터 노동자 계급 의식을 주입해야 한다고 주장합니다. 그래야 그들이 세상을 해방시킬 혁명 일꾼이 될 것이라고 믿기 때문이지요. 반면 자유 우파는 현재는 비록 노동자의 자식이지만 열심히 공부하면 기업의 임원도 될 수 있고, 공무원도 될 수 있다는 확신을 갖게 해야 한다고 주장합니다. 실제로 그런 일이 가능하도록 '개천에서 용이 날 수 있는' 계층 상승의 가능성을 다양하게 열어 놓아야 한다고 생각합니다.

어떠한 역사관을 갖느냐는 아이들의 교육에 큰 영향을 미칩니다. 사실 우리 사회에서 계층 상승은 점점 더 어려워지고 있습니다. 그 이유는 부와 학력 세습이 신분 세습으로까지 이어지고 있기 때문입니다. 자유 우파는 이러한 추세를 어떻게 되돌릴지 고민해야 합니다. 어떻게 하면 개천에서 용이 날 수 있는, 모두에게 기회와 가능성이 열려 있는 사회를 만들 것인가. 바로 이것이 자유 우파가 소시민, 청년, 여성들과 진정으로 만날 수 있는 접점인 것입니다.

06
권력이란 무엇인가?

　권력이란 무엇일까요? 권력은 눈에 보이지는 않지만 실재하는 힘입니다. 권력은 힘입니다. 다른 사람을 내 생각대로 움직이게 하는 힘. 특히 나와 생각이 다른 사람까지 내 의도대로 움직일 수 있는 힘이 권력입니다.

　권력은 어디에나 존재합니다. 부모가 자녀에게 말합니다.
"일찍 좀 일어나."
"학교 가야지."
"저녁 7시에 먹을 거다."
　자녀들은 어쩔 수 없이 따르고 행동합니다.
　자녀의 생각이 부모와 같지 않을 때에도 자녀들이 그들의 생각과 의도대로 따르게 한다면 이 또한 권력입니다.

국가의 경우는 어떨까요? 대통령의 권력은 국민을 움직입니다. 대한민국 대통령은 제각기 다른 생각을 하는 5천만 국민을 한 방향으로 움직이게 하는 힘을 갖고 있습니다. 권력이 대통령, 국회 의원, 장관 등의 이런 직위를 통해 행해질 때, 권력은 더 이상 관념이나 추상이 아니라 리얼리티입니다.

좌파와 우파는 권력을 어떻게 생각할까요?

자유 우파는 인간을 불완전한 존재로 봅니다. 대통령이니 국회의원이니, 장관이니 하는 사람들 모두 불완전하고 오류가 있는 존재들로 봅니다. 따라서 한 사람에게 권력을 독점적으로 부여해서는 위험하다고 생각합니다. 이들이 행사하는 권력은 국민이 위임해준 것이기 때문에 자기들 마음대로 권력을 행사해서도 안 된다고 생각합니다.

우파는 권력자가 위임받은 권력을 남용하지 않도록 법과 제도로써 규제해야 한다고 주장합니다. 대통령은 물론 국회 의장, 국무총리 등 한 자연인에게, 권력을 몽땅 안겨주고는 알아서 하라고 하면 절대 안 된다는 겁니다. 이들 모두가 오류 투성이의 인간이기 때문에 알아서 하라는 식으로 권력을 무제한으로 부여하면 안 됩니다. 대통령이라도 국회 의장이라도 법과 제도 안에서 권력을 행사하도록 해야 합니다.

정해진 절차와 규정 안에서만 권력을 행사할 수 있는 권한을 주고, 법과 제도로 규제하는 것을 뭐라고 할까요? 법에 의한 통치, 바로 '법치'(法治)라고 합니다. 자유 우파는 법치주의자입니다.

자유 우파는 사람의 무오류성을 믿지 않을 뿐 자신들 역시 불완전한 사람이라는 것을 겸손하게 인정하기 때문에 사람을 지극히 사랑합니다. 불완전한 사람에게 모든 권력을 위임하지는 않지만 사람을 사랑하고 존중합니다. 불완전한 사람한테 '절대 반지'와 같은 절대 권력을 주었을 경우를 생각해 보십시오. 주어진 권력을 제대로 사용하지 못하거나, 사사로운 이익을 위해 남용할 것입니다. 그래서 권한을 위임하되 어디까지나 법과 제도 안에서만 작동되도록 하는 겁니다.

'법치가 사라졌다.'는 것은 단지 법이 안 지켜진다는 뜻이 아닙니다. 법치가 사라졌다는 것은 인치, 곧 독재가 시작됐다는 뜻입니다. 법과 제도에 의해서가 아니라 사람에 의해서 권한이 함부로 행사되면 그것이 바로 독재입니다. 법치가 사라졌다는 것은 곧 독재가 시작됐다는 뜻입니다.

반면 좌파는 인간이 완전할 수 있다고 믿습니다. 당도, 수령도 그들에겐 완전한 존재입니다. 완전한 존재에게 어떻게 법과 제도를 들먹이며 이래라저래라 할 수 있겠습니까? 그냥 맡기면 될 것을 말입니다.

김정은은 북한의 조선 민주주의 인민 공화국 헌법 위에 존재하는 사람입니다. 시진핑은 중국 즉 중화인민공화국이라는 국가와 헌법 위에 존재하는 사람입니다. 외형상으로는 법 아래에 있는 듯 보이지만 실제로는 헌법 위에 존재합니다. 김정은도 마찬가지입니다. 김정은은 무오류의 존재라서 법과 제도의 규제가 무의미합니다. 김정은은 원하면 언제든지 법과 제도를 고칠 수 있기 때문입니다. 즉 좌파들의 인간관, 그것이 구체적으로 형상화된 수령, 당서기, 이런 사람들에겐 법과 제도가 아무 의미 없는 것입니다.

북한, 중국, 소련에도 헌법이 존재했습니다. 그러나 아무런 효력을 발휘하지 못하기 때문에 있으나마나 한 겁니다. 그런데도 법을 만든 것은 자기들도 법치한다고 선전하기 위해서입니다. 거듭 말하지만, 불완전한 인간에게는 권한을 위임할 수는 있지만, 권력을 무한대로 주면 안 됩니다. 이러한 문제 의식을 기반으로 법과 제도에 의해 통치를 해온 것입니다. 삼권 분립은 법치의 표상입니다. 반면, 수령이나 당 서기가 법 위에 삼권 위에 군림하는 통치 구조는 법치가 아닌 '인치(人治)'이고, 독재입니다.

지난 3년여간 우리는 문재인 좌파 정권이 저지른 황당한 일들을 계속 겪어 왔습니다. 그들은 필요할 때만 법의 잣대를 들이댔습니다. 그렇지 않을 때는 법을 무시했고요. 조국 사태가 그렇습니다. 문재인 정권은 온갖 새로운 제도를 만들어서라도 조국을 보호하려고 했습니다. 그러나 이재수처럼 척결해야 할 인물은 구속적부심(*피의자 측 청구에 의해 법원이 피의자의 구속이 과연 합당한지를 다시 판단하는 절차)에도 수갑을 채워 끌고 갔습니다. 이재수 장군은 모멸감을 이기지 못하고 극단적 선택을 했습니다.

좌파에게 법과 원칙, 제도는 모든 사람들에게 적용되는 보편적 원칙이 아닙니다. 자기들에게 유리할 때는 지키고, 거추장스러울 때는 언제든지 무시해도 좋은 장치에 불과합니다. 지난 3년여의 통치 기간이 이러한 사실을 여실히 드러내고 있습니다.

'인치'가 '법치'를 앞선 이유는 문재인 좌파 정권이 인성이 나빠서 그런 게 아니라 문재인 좌파 정권의 비뚤어진 세계관 때문입니다. 앞서 말했듯이 구소련이나 지금의 중국이나 북한도 법을 갖고는 있지만, 전혀 법에 구애되지 않습니다. 이들 국가가 법에 의해서 통치되고 있다고 믿는 사람이 있습니까? 법은 단지 장식품일 뿐입니다. 법뿐만 아니라 민주주의적 절차도 체제 선전을 위한 장치에 불과합니다. 시진핑이 결정하면 15억 인구가 따라 하잖습니까? 김정은이 결정하면 고모부도 고사총(*북한의 기관총)으로 총살하지 않습니까?

그렇다면 문재인 정권은 과연 법치를 하는 걸까요? 인치를 하는 걸까요? 우리 모두가 숙고해야 할 문제라고 생각합니다.

07
주권 이야기 1

국민 주권 시대라는 말을 흔히 듣습니다. 주권이란 무엇일까요?

3세기, 고대 로마의 법학자 울피아누스는 주권에 대해 이렇게 말했습니다.

"백성들의 통치권은 로마 황제에게 양도된다. 로마 황제는 법에 구속되지 않는다. 로마 황제의 말은 법이다. 로마 황제는 법을 만들며 구속력을 갖는다."

울피아누스에 의하면 로마 시대의 주권은 국민의 것이 아니라 황제의 것인 셈이지요. 황제가 주권자이니 법의 구속을 당하지 않는 것은 당연합니다. 황제는 주권자이고 입법자이기 때문입니다.

로마와 달리 현대 국가의 주권은 국민에게 귀속됩니다. 대한민국 헌법 1조 2항은 "대한민국의 주권은 국민에게 있다."라고 선언합니다. 로마 제국의 주권은 황제에게 있고, 대한민국의 주권은 국민에게 있다는 말이지요.

국민이 주인인 나라는 공화국이고 황제가 주인인 나라는 제국입니다. 대한민국의 주권은 국민에게 있습니다. 그런데 이 주권이 만들어지는 과정은 다소 복잡합니다. 사실 주권이 눈에 보이는 건 아니잖아요?

『리바이어던 Leviathan』의 저자 토마스 홉스는 주권에 대해 다음과 같이 말했습니다. "인간의 욕망은 무한해서 그냥 내버려 두면 욕망 추구 때문에 온 세계가 전쟁통이 된다. 법과 질서가 없는 사회를 생각 해봐라. 누구나 다 자기가 갖고 싶은 것 갖고 먹고 싶은 것 먹는다면 만인에 대한 만인의 투쟁 상태가 된다."

홉스의 말에 따르면 인간 세계는 약육강식의 동물의 세계가 됩니다. 동물의 세계는 조금이라도 힘센 놈이 약한 놈을 잡아 먹어 버립니다. 여기에 무슨 법이 있고 질서가 있습니까? 그냥 강하면 되는 겁니다.

동물의 세계는 무한 경쟁의 시대, 무한 투쟁의 시대입니다. 나빼놓고는 모두가 적이고, 먹잇감입니다. 그러나 인간의 세계는 동물의 세계와 다릅니다. 법과 질서라고 하는 것이 있기 때문입니다. 아무리 강해도 약한 사람한테 하지 말아야 할 일들이 있습니다. 법과 질서가 없으면 인간이라는 외양만 있을 뿐 인간 사회나 동물의 세계나 똑같아집니다. 말 그대로 만인에 대한 만인의 투쟁 상태가 됩니다. 만인에 대한 만인의 투쟁 상태란 가장 힘센 한 사람만 빼놓고는 모든 사람이 공포에 떨 수밖에 없는 세계죠. 백수의 왕을 제외한 모든 동물은 먹잇감입니다. 언제 잡아먹힐지 모르는 공포 속에서 살게 됩니다. 심지어 이 백수의 왕도 나이가 들어 이빨이 빠지고, 발톱이 빠지면 하이에나들한테 잡아먹힙니다.

인간 사회에 법과 질서가 없으면 동물의 세계가 그대로 재현됩니다. 약한 사람은 잡아먹힐까 봐 겁이 나서 잠도 못 잡니다. 강한 사람 역시 자기가 자는 동안 누가 와서 죽이지는 않을까 노심초사합니다. 강자나 약자나 모두가 불행합니다.

만인에 대한 만인의 투쟁 상태, 이것이 원시 사회입니다. 그런데 인간에게 지혜가 있어서 만인에 대한 만인의 투쟁 상태를 벗어나기 위해서 약속을 했다고 가정해봅니다.
"내가 가진 권력을 이만큼 양보할 테니 당신도 조금 양보해서 이 사람에게 양도합시다. 그리고 이 사람이 그 힘으로 질서를 유지하고 우리를 다스리게 합시다."

이렇게 사람들이 각각 자신의 권력의 10%를 내놓기로 약속했습니다. 그것을 모아 한 사람에게 넘겼습니다. 그 결과 그 사람은 각 개인을 능가하는 권력을 소지하게 되었지요. 그가 말합니다.
"당신, 이렇게 하면 안 돼. 힘이 세다고 저 사람 것을 함부로 뺏으면 안 돼. 싸움 잘한다고 저 사람 집에 밤에 몰래 들어가 죽이면 안 돼. 내가 다 지켜볼 거야. 만일 어기면 내가 당신을 죽일 거야."

사람들은 자신들이 만들어낸 권력이 무서워 자제하기 시작했습니다. 그 결과 힘이 있는 자나 없는 자나 다 안전하고 편안하게 살게 되었다는 겁니다.

홉스는 이렇게 탄생한 거대 권력을 "리바이어던(leviathan)"으로 묘사했습니다. 리바이어던은 구약 성경에 등장하는 바다의 괴물 이름입니다. 이 같은 거대 권력에 의해서 규율을 받고 통제받은 이후에 모든 인간이 다 안전해지고 평화답게 살게 됐다고 설명합니다. 이 권력은 각 사람으로부터 양도를 통해 만들어집니다. 그러나 일단 한 번 권력이 탄생한 후에는 양도한 권력을 되돌려 받을 수 없습니다. 권력을 돌려주기 시작하는 순간 질서가 무너져서 만인에 대한 만인의 투쟁이라는 원시 상태로 회귀하기 때문입니다.

홉스는 17세기의 인물입니다. 그 당시 권력자는 절대 군주였습니다. 왕이 행사하는 권력은 약속에 의해 양도된 권력이나 다시 되돌려줄 수 없는 권력이기 때문에 절대적인 권력입니다. 설사 이 권력이 잘못하는 일이 있더라도 권력 질서를 무너뜨리면 안 됩니다. 권력이 무너지면 인간에게 더 큰 불행이 오기 때문입니다.

홉스는 저항권을 인정하지 않았습니다. 홉스는 절대 군주가 아무리 잘못해도 혁명을 일으킨다던가 절대 군주를 쫓아내면 안 된다고 주장했습니다. 더 큰 불행한 사태 즉, 만인에 대한 만인의 투쟁 상태가 초래될 것이기 때문이라는 거죠. 홉스는 모든 주권은 약속에 의해서 절대 군주에게 귀속된다고 주장한 것입니다.

존 로크도 홉스와 비슷한 방법으로 권력을 설명했습니다. 사람들이 권력을 양도했고, 이 권력에 의해 통치를 받는다는 것이지요. 다만 이 권력이 잘못할 때, 특히 재산권과 관련하여 잘못을 저질렀을 때는 용서할 수 없다는 것이 로크의 주장입니다.

재산권에 대해 논하기 위해서는 삼부회를 먼저 설명해야 합니다. 삼부회는 14세기 초 프랑스에서 생겨난 신분제 의회입니다.

성직자, 귀족, 평민 출신의 의원으로 구성되었지요. 실제로는 평민의 수가 훨씬 많은데도 똑같이 한 표씩만 행사할 수 있다 보니, 이에 대한 불만과 분란이 야기되었습니다. 이 분란은 결국 프랑스 혁명의 실마리가 되었습니다.

삼부회는 왕이 만들었습니다. 왕은 전쟁도 해야 하겠고, 좋은 술도 마셔야 했습니다. 사치와 방탕을 즐기려면 돈이 필요했습니다. 그래서 국민에게 세금을 더 내라고 명령했지요. 힘이 없는 이들은 왕의 요구대로 세금을 계속 냈습니다. 그런데 그중에는 재산이 늘면서 발언권이 강해진 사람들이 있었습니다. 이들이 왕에게 항의했습니다. 해주는 것도 없으면서 자꾸 돈만 더 내라고 하느냐고 말이죠. 왕은 처음엔 압박을 가했겠지요. 그러나 국민의 힘은 점점 강해지고 그들의 부도 커지자 상대적으로 왕의 힘은 약해졌습니다. 마침내 왕이 한 가지 제안을 합니다. 너희에게도 발언권을 줄 테니 세금을 더 내라고 말이지요.

새로이 부를 축적한 자산가들과 귀족들은 고민합니다. '왕이 자꾸 저렇게 돈을 더 내라고 하니 안 낼 수는 없고, 돈 없다고 버티면 전쟁을 할 수밖에 없고, 전쟁을 하게 되면 왕도 힘들고 우리도 힘들어질 텐데. 아무래도 타협하는 것이 낫겠다.' 이렇게 해서 타협의 길을 택합니다.

우리도 대표를 파견해서 왕이 100원 내라고 하면 80원으로 깎고, 50원으로 깎는 식으로 타협하자. 그게 우리한테도 도움이 되지 않겠느냐? 영국식 타협주의가 잘 작동이 돼서 마침내 삼부회가 성립됐습니다. 영국 의회가 만들어진 것입니다.

왕은 세금이 필요하면 삼부회에 가서 세금을 좀 더 내줬으면 좋겠다고 설명합니다. 왕으로서는 체면이 깎이는 일이지만 현찰을 위해 감수하는 겁니다. 시민들도 의회에서 밀고 당기는 밀당을 합니다. 그게 삼부회고, 의회입니다.

현재의 입법부에 해당하는 국회의 기원은 삼부회라고 할 수 있습니다. 가장 원시적인 형태의 입법부인 셈입니다. 돈과 세금 문제로 인해 삼부회가 시작되었습니다.

미국 독립 전쟁의 도화선도 세금이었습니다. "대표 없이 과세 없다."

영국의 식민지였던 미국은 영국에 터무니 없이 많은 세금을 내야 했습니다. 영국은 홍차 같은 것에 엄청난 세금을 매겼지요. 그러자 미국의 지도자들이 자신들의 대표를 인정해달라고 요구합니다. "우리 대표를 인정하지 않으면 우리도 더는 세금을 못 내겠다."고 말입니다. 삼부회에서와 비슷한 양상을 보이게 된 것이지요.

13세기 삼부회나 미국의 독립 전쟁이나 모두 세금 문제가 깔려 있습니다. 로크의 사회계약론의 핵심도 재산권입니다. 홉스와는 달리 로크는 결정적으로 중요한 저항권을 인정했습니다. 전제 군주가 폭정을 행하면 저항할 수 있고, 약속을 철회할 수 있다는 것입니다. 더 좋은 군주를 세울 수 있는 권리가 있다는 겁니다. 이것이 홉스와 로크의 가장 확실한 차이점입니다. 현대 민주주의 사회를 계약론의 관점에서 설명하는 사람들은 대부분 저항권을 인정하는 로크의 사회계약론을 토대로 설명합니다.

국가 권력은 시민에 의한 시민의 권리 양도 때문에 세워진 것인데 국가가 폭정을 하면 계약의 주체인 국민이 계약을 취소하고 권력을 바꿀 수 있는 저항권이 있습니다.

서구에서는 17세기 18세기에 이르러서야 비로소 계약론과 저항권이 결합이 돼서 근대 주권의 개념이 확립됐는데, 동양에서는 1500년 전에 맹자가 역성혁명 이론을 제시한 바가 있습니다.

동양에서는 권력을 하늘로부터 내려오는 것이라고 받아들였고, 하늘로부터 내려온 권력은 혈통을 통해서 계승된다고 믿어 왔습니다. 그런데 맹자는 아무리 하늘로부터 부여받은 권력이라 하더라도 그 권력이 민심에 반할 때는 권력을 교체하는 것이 마땅하다고 주장했습니다. 이것이 바로 역성혁명입니다. 성을 바꾼다는 뜻이지요.

중국의 왕조는 대체로 200년에서 300년 사이에 교체가 되곤 했습니다. 한 왕조가 들어서서 역할을 하다가 왕조의 끝에 가면서 사치하는 무능한 왕, 간신들이 나타나 천하가 어지러워지곤 했습니다. 천하가 어지러워져서 새로운 세상이 필요하다고 생각하는 민심이 모이면 그 민심의 힘으로 왕조의 성을 바꾸고 세상을 바꿀 수 있다는 것이 역성혁명론입니다.

1500년 전 맹자가 이야기했던 역성혁명론이 17세기 로크의 저항권과 문제 의식이 같다고 해석하는 겁니다.

백성은 물이고 왕은 배입니다. 백성은 왕, 즉 배를 띄울 수도 있지만 한 번 화나면 배를 뒤집어 가라앉히기도 합니다. 이런 주장들을 동양 고전 곳곳에 등장합니다. 그만큼 동양에서는 국민의 뜻이 임금의 뜻보다 우선된다는 철학과 사상이 오래전부터 내려온 것입니다.

서양의 경우에는 중세 시대부터 르네상스에 이르기까지 거의 천년 동안 주권에 계약적 개념이 들어설 여지가 없었습니다. 중세 시대의 주권은 교황에게 있었습니다. 그리고 교황은 하나님으로부터 그 권력을 내려받은 것이지 백성들이 개인의 권력을 조금씩 떼어서 교황한테 준 게 아니었습니다. 중세 천년을 유지해온 기독교 정치 철학에는 계약적 개념이 들어설 여지가 없습니다.

서양 중세 천년의 지배 권력 구조를 양검론(The Two Swords:13-15세기경 교황과 황제 사이의 권력 관계를 설명한 이론)으로 설명하기도 합니다. 하나님의 뜻이 두 곳에 내려왔다는 겁니다. 하나는 인간의 영혼을 지배하는 쪽으로 왔고, 하나는 인간의 육체를 지배하는 쪽으로 왔다고 합니다. 영혼을 지배하는 쪽이 교황이고, 육체를 지배하는 쪽이 세속 왕입니다.

영혼을 지배하는 교황과 육체를 지배하는 세속 왕에게 각각 하나씩 칼이 주어졌다고 합니다. 영혼을 지배하는 빨간 칼과 육체를 지배하는 검은 칼입니다. 빨간 칼은 교황한테 주어 인간의 영혼을 지배하게 하고, 검은 칼은 왕에게 주어 인간의 육체를 지배하게 했다는 겁니다.

그리고 이 둘이 싸우지 못하도록 하나님이 명백하게 정리를 해주셨답니다. 육체보다 영혼이 위에 있다는 뜻이지요. 그래서 교황이 세속 왕보다 위인 거예요. 교황은 왕 중의 왕이죠. 황제 중에 황제인 겁니다. 중세 천년 동안 이러한 질서가 지속됐습니다.

왕은 혈통으로 연결돼 있어서 왕이 죽으면 아들이 왕위를 승계

합니다. 이때 대관식이라는 걸 하죠. 대관식을 할 때 왕관을 누가 씌워줄까요? 교황이 씌워줍니다. 대관식을 통해 세속 왕보다 교황이 위에 있다는 것을 만천하에 선포하는 것입니다. 이렇듯 중세에는 왕 중의 왕인 교황이 더 강했기 때문에 신정 국가, 신정 권력 시대였다고 하는 겁니다.

그러나 말과 달리 현실적으로는 교황권은 계속해서 권위가 퇴조했습니다. 권위를 유지시켜 줄 군대가 없었기 때문입니다. 반면 세속 왕은 군대가 있으니 권력이 점점 강해집니다. 그래서 처음에는 우위를 차지하던 교황권이 점점 추락하게 되고 세속 왕권이 곳곳에서 실질적인 통치를 하게 되죠.

세속 왕의 머리에 교황이 왕관을 씌워주는 상징적인 퍼포먼스까지도 날려버린 사람이 바로 나폴레옹입니다. 고전주의 화가 다비드는 〈나폴레옹의 대관식〉에서 나폴레옹 스스로 왕관을 쓰는 장면을 묘사하려 했습니다. 그러나 교황 측의 항의로 나폴레옹이 왕관을 들고 있고, 나폴레옹 앞에는 무릎을 꿇고 있는 조제핀(Joséphine)을 그려 넣음으로써 마치 나폴레옹이 왕관을 조제핀에게 씌우려는 것 같은 장면을 연출했습니다. 이중적인 이미지를 통해 교황과 나폴레옹 양측을 모두 만족시킨 것입니다. 그러나 다비드의 원래 스케치에는 나폴레옹이 스스로 관을 쓰는 모습이 남아 있어 작가의 원래 의도를 보여주고 있습니다. 이 그림은 왕권과 신권의 역전, 교황권과 왕권의 역전을 잘 보여주고 있는 것입니다.

중세에는 주권도 계약도 없었습니다. 중세가 끝나고 홉스와 로크의 시대에 접어들면서 비로소 주권이 우리가 양도한 약속에 기반해 만들어집니다. 홉스는 일단 양도된 권력은 뒤엎을 수 없다고 주장했고, 로크는 웬만한 잘못은 참을 수 있지만, 재산권 침해만은 그냥 넘길 수 없다고 주장했습니다. 즉 양도받은 권력을 휘두르며 폭정을 하면 뒤엎자는 것입니다. 혁명을 일으키자는 말입니다. 따라서 시민 혁명의 이론적 기반, 사상적 기반을 제시한 것은 로크였다고 말할 수 있습니다.

이 같은 '사회계약론'은 300년 전에 논의되었던 내용입니다. 이제 여러분들께 질문 하나를 던집니다. 여러분은 300년 전에 로크가 내세웠던 저항권을 지닌 시민으로서 살고 있습니까? 문재인 대통령이나, 300명의 국회 의원이 지닌 권력은 모두 우리가 잠정적으로 양도한 것입니다. 그 권력의 출발점은 우리 자신입니다.

과연 이들이 국민이 부여한 권력을 제대로 사용하고 있는지 주권자인 우리들이 살펴야 합니다. 만일 권력을 남용하거나 폭정을 하고 있다면 뒤집을 권리, 즉 저항권 행사를 고민해야 합니다.

이렇듯 국민 주권의 문제는 늘 권력과 나와의 긴장 관계를 상기시켜줍니다. 청와대 수백 명의 비서진과 백여만 공무원들의 지원을 받으면서, 입법부와 사법부를 장악하는 대통령의 권력도 바로 나로부터 나온 것입니다. 따라서 내가 양도한 권력이 내가 원하는 방식대로 제대로 쓰이고 있는가를 늘 감시하고, 평가해야 합니다. 아니면 회수해야겠지요. 아무쪼록 여러분 모두 깨어 있는 시민이 되기를 바랍니다.

08
주권 이야기 2

권력은 어느 사회나 있습니다. 문제는 그 권력이 정당하냐는 겁니다. 옛날에는 권력의 정당성을 신에게서 찾았습니다. 왕권을 신으로부터 받았다는 주장입니다. 이른바 왕권신수설이 그것입니다.

왕에게 도대체 어떻게 권력자가 되었냐고 물으면 어떤 답을 듣게 될까요? 주먹 세계에서는 주먹이 제일 센 사람이 대장입니다. 그 사람이 조직의 우두머리가 됩니다. 이들에게 무슨 자격으로 권력을 행사하느냐고 묻는다면 싸움을 제일 잘하기 때문이라고 답할 것입니다. 주먹 세계에서는 싸움을 잘하는 것이 권력의 원천인 셈입니다. 동물의 왕 사자도 마찬가지입니다. 제일 잘 싸우고 힘이 세니까 왕 노릇을 하는 겁니다.

이번엔 왕, 세종 대왕한테 물어볼까요?

"세종 대왕님, 무슨 자격으로 왕 노릇을 하는 겁니까?"

"내가 제일 잘 싸우잖아. 나보다 센 놈 있으면 나와봐!"

설마 세종 대왕이 이런 답을 하겠습니까? 우리가 사는 세상에는 권력이라는 것이 존재합니다. 왕의 권력도 있고, 국가의 권력도 있습니다.

왕의 권력이 어디에서 온 것이냐는 질문에 신에게서 왔다고 대답한다면 어떻게 반응하겠습니까? 신이 왕권을 부여했다는 설명이 과연 설득력이 있을까요? 요즘 같으면 이상한 사람 취급 받기 십상입니다. 그렇지만 실제로 그렇게 대답하면 통하던 시대가 있었습니다. 신이 내게 왕권을 부여했다고 말입니다.

권력을 주는 신이 어디 있습니까? 왕들은 그런 거짓말로라도 국민을 설득해야 했습니다. 신라의 시조 박혁거세의 탄생 설화를 생각해 봅시다. 박 모양의 알에서 태어났다는데 어떻게 인간이 알에서 태어날 수 있습니까? 이처럼 옛날에는 신비한 이야기를 그럴듯하게 꾸며 거짓 설명을 했습니다. 여하튼 왕권은 신권에서 출발합니다. 그러나 일단 부여받은 왕권은 혈통으로 이어집니다. 처음 답변이 어렵지 그 뒤부터는 태어나보니 왕의 자손이더라는 식으로 설명을 하면 됩니다.

너만 왕이냐 나도 태어날 때부터 왕이었다고 대들던 어떻게 합니까? 감히 덤비지 못하게 자기들은 신으로부터 왕권을 받았다고 지어대는 겁니다. 로마의 건국 신화도 마찬가지입니다. 로물루스와 레무스 형제가 늑대 젖을 먹고 자라나 인간에게 발견되어 인간의 손에서 자라났다. 그런데 형제끼리 싸워 형 로물루스가 동생을 죽이고 로마를 건국했다고 합니다.

이런 식으로 정상적인 사람들이 생각하기 어려운, 무슨 자연적인 현상이나, 무슨 신이나, 하늘이나, 동물이나, 알 같은 것들을 끌어들여서 권력을 정당화시킵니다.

왕권신수설의 발전된 형태가 양검론이라고 앞서 설명했습니다. 중세의 왕권신수설을 뒤집어 버린 것이 계약론입니다. 왕권신수설은 신이 왕권을 부여했다고 하니까 절대적이고 따질 수도 없습니다. 따지려면 왜 나에겐 안 주고 저 사람에게만 주냐며 따져야겠지요. 여기에는 이런 답변이 준비돼 있습니다. '신의 뜻을 인간이 어떻게 알겠습니까?'

17C에 이러한 설(說)을 뒤엎는 주장이 등장했습니다. 왕권은 신이 준 것이 아니라 계약에 의해 양도된 것이라고 말입니다. 홉스가 코페르니쿠스에 버금가는 혁명적인 주장을 한 것이지요. 계약에는 두 가지 형태가 있습니다. 하나는 양도하는 계약이 있고,

또 하나는 위임하는 계약입니다. 양도하는 계약은 권력을 완전히 넘겨주는 겁니다. 돌려받을 수 없습니다. 이것이 홉스의 생각입니다. 한 번 양도한 권력은 되돌려줄 수 없는 권력, 즉 권력의 집합체인 국가가 되었습니다. 더욱이 이 국가는 너무도 강력해서 리바이어던, 즉 괴물 같은 존재가 되었습니다. 여하튼 절대 왕권도 신으로부터 받은 게 아니라 인간의 계약에 의해서 양도됨으로써 형성된 권력입니다. 이것이 계약론의 양도론이지요.

계약론의 또 한줄기는 우리가 권력을 양도한 게 아니라 잠깐 위임했을 뿐이라는 위임론입니다. 현대 국가가 이에 해당합니다. 우리가 권력을 양도했다면 다시 돌려받을 수 없으므로 그걸로 끝이죠. 양도받아 탄생한 리바이어던 같은 괴물 국가가 뭘 하든 항의할 수 없습니다. 그렇지만 그게 아니라 우리가 잠정적으로 위임한 권력이라면 계약 위반 시 철회가 가능합니다. 위임은 위임 기간이 정해져 있고 권력 행사는 위임 기간에만 작동합니다.

바로 오늘날의 대통령, 국회 의원들이 이에 해당합니다. 대통령은 5년, 국회 의원은 4년, 도지사는 4년 동안만 권력을 위임받습니다. 국민은 이 기간 동안 일하는데 따른 대가를 지불합니다. 그 돈은 권력을 위임한 사람들이 낸 돈, 즉 세금으로 충당됩니다.

절대 왕정은 양도 계약이고, 현대 국가는 위임 계약인 셈입니다. 지금 우리는 위임 계약을 한 나라에서 살고 있습니다. 위임 계약을 할 때는 위임 기간과 급여에 대해서도 명시합니다. 이를테면, 다음의 내용을 포함한 여러 사항이 묶음으로 들어가 있는 위임 계약서를 쓰는 거예요.

첫째, 권력을 5년간 위임한다. 둘째, 5년 동안 먹고 살 수 있도록 월급을 주겠다. 셋째, 우리가 정한 방식으로만 권한을 행사해야 한다는 식의 계약입니다. 우리가 정한 방식이란 곧 법을 의미합니다. 만일 이것을 어기면 언제든지 쫓아낼 수 있습니다. 이것이 바로 탄핵입니다.

박근혜 탄핵의 경우 위임 계약서에서 세 번째 조항을 어겼다고 탄핵한 겁니다. 법대로 안 하고 최서원 같은 자격 없는 사람이 국정을 농단했다고 말입니다. 법대로 안 해서 탄핵한 것이라면 박근혜 대통령이 법대로 했는지 안 했는지를 조사하는 것이 제일 중요하죠. 탄핵하려면 먼저 박근혜 대통령이 이 위임 계약서를 어겼는지 안 어겼는지를 확인해야 할 겁니다. 만약 위임 계약서에 쓰여 있는 대로 법을 잘 지켰는데도 탄핵했다면 그 탄핵이 잘못된 거죠. 박근혜 대통령을 탄핵하기 위해서는 정말 계약서상 법을 위배했는지 그것도 심각하게 위배했는지 아니면 어쩌다가 실수 했는지를 살펴봐야 하는 겁니다.

노무현도 탄핵당했습니다. 선거법에 어긋나는 발언을 했다는 것이지요. 이 위법 사실은 노무현 본인도 시인했어요. 그러나 탄핵까지 할 정도는 아니라 해서 대통령직을 계속 수행했습니다. 박근혜도 법을 어겼다는 이유로 탄핵이 되었는데, 과연 법을 어겼는지 그것도 탄핵할 만큼 심각하게 어겼는지를 조사하고 수사해야 했던 겁니다. 문재인 대통령도 5년짜리 위임 계약서를 받았습니다. 따라서 법대로 대통령직을 잘 수행하고 있는지 살펴봐야 합니다. 제가 보기에 문재인은 박근혜보다 훨씬 더 법을 많이 어겼습니다. 그러니까 박근혜 탄핵이 정당하다면 문재인은 마땅히 더 강력하게 탄핵 당해야 하겠지요. 위임 계약서에 따르면 말입니다. 국회 의원 의석수 때문에 못 하고 있을 뿐이죠.

양도냐 위임이냐에 따라서 계약의 내용이 완전히 달라집니다. 양도 계약의 경우에는 계약을 위반해도 어떻게 할 방법이 없습니다. 여기서는 저항권이 인정이 안 됩니다. 그저 운명으로 알고 살라는 식이지요. 반면에 위임 계약의 경우에는 위임 계약서에 위배될 때는 저항하는 것이 시민의 권리이고 의무라고 프랑스 인권 선언은 말합니다.

권력자, 왕, 대통령이 위임 계약을 어겼을 때는 저항할 수 있습니다. 저항할 권리가 있을 뿐만 아니라 저항해야 할 의무가 있습니다. 그러니까 저항 안 하면 시민 자격이 없는 겁니다. 저항은 권리로도 표현되지만 저항해야만 될 의무로도 표현됩니다. 여러분께 묻습니다. 여러분은 저항해야 할 의무를 제대로 수행하고 있습니까? 과연 자유 우파는 위임 계약을 위반했을 때 저항해야 할 의무가 있다고 말하는 200여 년 전 프랑스 혁명의 선언에 따라 행동하고 있습니까? 저항해야 할 때 저항하지 않으면 인간의 권리를 제대로 구현하지 못하는 겁니다. 저항권은 권리이자 동시에 의무라는 것을 잊어서는 안 될 것입니다.

09
권력과 선거의 함수

독재는 무엇이고, 민주주의는 무엇일까요?

몇 가지 용어를 살펴보지요. 독재 권력, 독재정. 독재정은 독재 정부라는 뜻입니다. 독재정에 대응하는 것이 공화정입니다. 독재정의 변형된 형태인 과두정이라는 것도 있습니다. 이것들은 서로 어떻게 다를까요?

독재정과 공화정은 권력이 독재자 한 사람에게 몰려 있는지 아니면 국민에게 나누어져 있는지의 차이입니다. 어느 사회에나 권력은 존재합니다. 이 권력이 독재자 한 사람한테 귀속되어 있으면 독재정입니다. 권력이 국민한테 있으면 공화정입니다. 과두정은 한 사람이 아니라 몇 사람에게 권력이 나누어져 있는 겁니다.

독재정은 권력이 독점된 것이고 과두정은 권력이 과점 되어 있는 겁니다.

시장 경제와 관련하여 '독과점'이라는 말이 있습니다. 독과점 규제하겠다는 말을 종종 듣지요. 독재는 권력이 한 사람에게 귀속된 것이고 과점은 몇 사람한테 권력이 귀속된 겁니다.

중국에서는 1930년대에 군벌 몇 명이 나와서 군림한 적이 있습니다. 그것이 과두정의 전형적인 형태입니다. 통일되기 전에 독일은 수백 개의 작은 공화국(공국이라고도 함) 수백 개의 작은 나라들로 구성되어 있었습니다. 수백 명의 영주들한테 권력이 과점되어 있었던 겁니다. 이 같은 상황에서 절대 군주 한 명이 이 모두를 통합하면 독재정이 됩니다. 그리고 이 권력이 국민에게 오면 공화정이 됩니다.

역사의 흐름을 보면 대체로 과두정에서 독재정으로, 독재정에서 공화정으로 바뀝니다. 독재정에서 공화정으로 바뀌는 과정에 시민 혁명이 있습니다. 그렇다면 북한은 어느 유형에 속할까요? 북한은 독재정에 속한다고 봐야 합니다. 김정은 한 사람한테 모든 권력이 집중된 전형적인 독재정입니다.

과점적인 형태를 취하는 독재 국가도 많습니다. 중국이 여기에

속합니다. 중국은 공산당 독재이기 때문에 독재정이라 불러야 합니다. 그런데 지금의 중국 공산당은 한 사람이 아니라 공산당 간부들에게 과점적으로 권력이 모여져 있기 때문에 과두정이라 불려야 한다는 겁니다. 일종의 집단 지도 체제 형태를 취하고 있는 거죠. 겉으로는 시진핑 한 사람만 드러나 있지만 실제로는 시진핑을 중심으로 한 당 고위 간부들의 과점적 지배 형태입니다.

상하이방도 있고, 북경 쪽 사람들도 있고, 그 세력들의 대표자들이 모여 있는 곳입니다. 후진타오도 그랬지요. 공산당 독재는 내용 면에서는 과두정에 더 가깝습니다.

그런데 유일하게 특정 개인에게 모든 권력이 독점된 곳이 북한입니다. 북한은 독재 중에서도 가장 지독한 독재입니다. 이러한 독재를 정당화하기 위해 만든 것이 수령론입니다. 사람에겐 머리가 있고 몸뚱이가 있고 손발이 있습니다. 손이 하나 없거나, 발이 하나 없어도 살아갈 수 있습니다. 그러나 머리가 없으면 생존할 수 없습니다. 이 머리가 바로 수령입니다. 그래서 위기에 처했을 때 머리부터 보호해야 합니다. 다른 부분은 의족이나 의수로 대체할 수도 있습니다. 심지어 심장까지도 인공심장으로 대체할 수 있지만, 머리는 그 어떤 것으로도 대체할 수 없습니다. 그래서 모든 인민에겐 항상 머리를 보호할 책임이 있는 것입니다. 일종의 유기체론입니다. 사회 유기체. 북한은 일반적인 공산당 독재와는 다릅니다. 한 개인에게 이 모든 권력이 집중된 수령론의 국가입니다.

좌파는 공산당 독재, 과두정적 지배 구조를 선호하고 공산당 독재를 구현하기 위해서 열심히 투쟁하는 사람들입니다. 특히 대한민국의 좌파는 세계에서 유일하게 1인 지배 체제인 수령론을 따르고 있는 북한의 사주를 받은 주사파들입니다. 대체로 좌파라고 하면 공산당 독재를 일컫습니다. 그런데 대한민국의 좌파는 공산당이 아니라 수령론 쪽입니다. 대한민국의 좌파들은 좌파들의 국제 표준에도 잘 안 맞습니다.

믿기 힘들겠지만, 미국에도 공산당이 있습니다. (*1919년 설립된 마르크스주의 정당 가운데 하나임) 또 유럽에서는 '사민당'이라고 하는 사회 민주주의 정당이 집권하기도 합니다. 물론 선거를 통해서지요. 이처럼 전 세계적으로 좌파 정당들이 많습니다. 좌파 정당들은, 1년에도 몇 번씩 국제 회의를 엽니다. 사회주의 국제 연대를 모색하는 자리지요. 그 회의에 참석하는 대부분의 좌파 정당들은 나름의 합리성을 가지고 주장을 합니다. 다만 북한만은 말이 안 통합니다. 사상 체계와 철학 체계가 다른 나라 공산당들과 전혀 다르기 때문입니다.

대한민국 좌파들은 북한의 수령론과 주사파의 세뇌를 받았기 때문에 다른 나라의 좌파들과 정치 문법, 언어 문법이 아주 다릅니다. 대화가 잘 안 됩니다. 마르크스, 레닌의 공산당 독재와는 사상 체계가 전혀 다른 수령론이라는 아주 괴상한 이념에 물들어 있기 때문입니다. 주사파는 보편적인 사회주의 좌파와 다르다는 것을 주지하시기 바랍니다.

자유 우파는 국민이 주인인 공화정을 수호합니다. 대한민국 헌법 제1조 1항에 "대한민국은 민주공화국이다."라고 명시되어 있습니다. '공화국'이란 국민이 주인이라는 말입니다. 그렇다면 지금 대한민국은 국민이 주인인 나라일까요?

저도 국민이고 여러분도 국민입니다. 저나 여러분이나 진짜 주인으로 살고 있습니까? 주인으로 산다면 다른 사람 눈치를 볼 필요가 없습니다. 눈치 볼 필요도 없고 내가 하고 싶은 대로 다 하고, 또 내 뜻대로 정부가 움직여줘야 하는 것 아닐까요? 정부는 머슴이고 나는 주인이니 말입니다.

공화정의 기본은 국민이 위에 있고 정부가 아래에 있는 것입니다. 주인인 국민의 뜻을 받드는 것이 정부입니다. 과연 여러분들은 일상 속에서 문재인 정부가 여러분을 섬기고 있다고 느끼십니까? 아니면 여러분 머리 위에서 짓누르고, 호령하고 있다고 느끼십니까? 대한민국 국민 단 한 명이라도 문재인 정부가 내 발 아래에서 심부름하는 존재가 아니라 내 머리 위에 올라타고 나를 짓누르고 억압하고 저리 가라 명령하는 존재라고 느끼는 순간 대한민국의 민주주의는 끝난 겁니다.

단 한 명이라도 그렇게 느끼면 민주주의의 부정이 시작됐다는 뜻이죠. 한 사람이 아니라 여러 사람이 이렇게 느낀다면, 함께 모여 항의해야 합니다. 그게 작년에 있었던(2019년) 광화문 국민 혁명이었습니다. 절대 다수의 국민이 문재인 정부를 국민 아래에서 심부름하는 존재가 아니라 국민 위에 군림하는 존재로 느낀 겁니다. 즉 이 나라가 더는 공화정이 아니고 독재정으로 가고 있다고 느낀 것입니다. 그래서 광장으로 나가 문재인 정부에게 "너희는 주인이 아니라 종이다."라고 외친 것입니다.

안타깝게도 종이 주인 행세를 할 때 국민으로서 이를 견제하고 감시할 수단이 별로 없습니다. 잘못해도 때릴 회초리가 별로 없단 말입니다. 5년에 한 번, 4년에 한 번 투표 용지라는 종잇조각을 통해서나 혼을 내거나 힘을 실어주는 수밖에 없습니다.

반면에 국가 권력은 국민을 업신여기고, 주인인 국민을 종처럼 부릴 수 있는 여러 가지 수단들을 갖고 있습니다. 군대도 갖고 있고, 법안, 법률도 갖고 있고, 사법부도 갖고 있고, 백만이 넘는 공무원들도 갖고 있습니다. 더 나아가 언론까지 장악하여 주인인 국민을 종처럼 부릴 수 있습니다.

지금의 대한민국은 공화정이 아니라고 생각합니다. 정당한 주장을 하는 사람들이 탄압받고, 억압받고, 위축되어 있기 때문입니다. 국민의 종에 불과한 정부, 그 종들의 우두머리인 대통령에게 이런 말을 하면 혹시 기분 나빠하지 않을까? 마음 상하지 않을까? 헤아리며 지레 조심하는 상황인데 어떻게 공화정이라고 할 수 있겠습니까?

문재인 정부가 공화정이 아니라면 무엇일까요? 독재정이거나 과두정이겠지요. 선거를 통해서 권력을 잡은 공화정인 것처럼 외형만 포장하고 있을 뿐입니다. 문재인 정부는 겉으로는 민주적 공화정인 것처럼 치장을 합니다. 선거도 하고, 대통령이 기자 회견도 하고, 기자들한테 공격적 질문을 받아서 쩔쩔매기도 하고, 이렇게 외형은 민주적 공화정처럼 그럴듯하게 꾸밉니다. 그러나 실제로는 독재정과 과두정적인 지배를 합니다. 그래서 이전의 내놓고 뻔뻔하게 독재를 했던 것을 '구독재'라고 하고, 요즈음의 독재를 '신독재'라고 합니다.

구독재나 신독재나 독재는 다 나쁘지요. 국민의 입장에서는 마땅히 타도해야 할 대상입니다. 그런데 구독제보다 신독재가 더 다루기가 힘들어요. 구독재는 누가 봐도 독재니까 변명의 여지가 없는 반면, 신독재는 외형상 공화정이기 때문에 분간하기가 힘듭니다.

구독재에 저항해서 학생들이나 시민들이 일어나면, 절대 다수 국민은 이를 지지했습니다. 그런데 신독재 시대에는 겉으로 독재가 아닌 것처럼 치장하고 포장을 잘하기 때문에 깨어 있는 자유 우파 국민이 외쳐도 '선거를 통해 당선된 대통령인데 무슨 독재냐'고 하며 독재를 옹호하는 세력이 있습니다. 즉 국민의 호응을 얻기가 쉽지 않은 상황입니다. 신독재 국가일수록 일반 국민에게 반독재 투쟁의 동의를 얻기가 쉽지 않은 겁니다.

자유 우파가 독재를 외치며 비판과 질타를 쏟아낼 때. 신독재 국가는 어떻게 대응할까요? 독재가 아니라 민주주의 공화정이라는 것을 입증하기 위해 각종 쇼와 이벤트를 계속합니다. 문재인 정부는 특히 이런 대응을 아주 열심히 하고 잘합니다.

지난 4년간 문재인 정부는 권력과 직권을 남용하고 국민을 개, 돼지로 알고, 독재적으로 국가 운영을 했습니다. 그러면서도 문재인 정권은 촛불혁명에 의해서 들어선 민주주의 정당, 국민이 주인인 공화국이라는 선전을 끊임없이 하면서 문재인 정부에게 비판적 시선을 보내는 중도파 국민에게 여러 가지 쇼와 이벤트를 통해서 다가갔습니다.

문재인 정부의 위선적, 이중적 권력 운영 방식이야말로 진짜 새로운 독재라고 주장하고 투쟁하려고 했던 자유 우파 세력과 중도층 세력이 손잡지 못하도록 해왔던 것입니다. 자유 우파는 지난 총선에서 문재인 정권이 독재, 그것도 좌파 독재를 향해서 가고 있기 때문에 심판해야 한다고 주장했습니다. 그런데도 참패한 이유는 문재인 정부가 자유 우파의 이러한 주장을 자유 우파의 소리로만 묶어두고, 중도파가 합류하지 못하도록 울타리를 쳤기 때문입니다. 그렇게 해서 좌파는 결과적으로 공성과 수성에서 성공한 것입니다.

독재와 공화정, 독재와 민주주의는 그 차이가 너무도 분명합니다. 좌파는 공산당 독재를 지향하고, 자유 우파는 자유 민주주의를 지향한다고 한마디로 정의할 수 있지만, 현실 정치에서는 우리가 읽어내야 할 정치적 함의가 매우 많습니다. 특히 신독재라는 개념은 앞으로 우리가 문재인 좌파 정권을 상대하는 데 유용하게 사용할 수 있는 개념이고, 중도층을 설득하는 데도 유용한 개념입니다.

중도층은 독재하면 탱크 몰고 들어와서 국민을 살해하고 감옥 보내는 그런 독재, 수십 년 전에 나타났었던 영화에서나 보는 그런 독재를 생각합니다. 교묘한 방식으로 외양을 민주주의로 치장하면서 내용적으로 독재를 하는 신독재를 중도층 국민들은 독재가 아니라고 생각하고 있습니다.

2019년, 나경원 원내 대표는 국회 교섭 단체 대표 연설에서 신독재라는 개념을 인용하면서 문재인 정부를 강력하게 성토했습니다. 그러나 국회 연설 후 신독재의 개념 속에서 문재인 좌파 정권의 국정 운영을 비판적으로 평가, 분석하고 국민에게 알리려는 노력은 부족했다고 생각합니다. 자유 우파는 지금까지의 논의 성과를 바탕으로 독재와 공화, 독재와 민주주의 개념을 자유 우파와 문재인 좌파 세력 간 새로운 전선 구축의 핵심 개념으로 삼는 것이 필요합니다. 그냥 '나쁜 정권'이라는 비난이 아니라 '어떻게 나쁜지', '얼마나 나쁜지'를 입체적으로 설명할 수 있는 프레임이 필요하기 때문입니다.

10
법, 양날의 칼

헌법은 질서 유지를 위한 수단인가? 아니면 혁명을 위한 수단인가?

정치 평론을 하면서 법 이야기를 할 때가 많습니다. 왜냐하면 법이 권력 관계를 표현하는 최종적 선언이기 때문입니다. 권력 관계를 설명하다 보면 법 이야기를 하지 않을 수 없을 때가 많다는 뜻입니다. 법에 대해서 정치학적으로 두 가지 말씀을 드리고 싶습니다.

첫째, 법은 상식의 최소한입니다. 법은 그 무슨 대단히 특별한 어떤 것이 아닙니다. 인간이 오랜 역사를 살아오는 과정에서 차곡차곡 쌓이고 축적된 상식이라는 게 있습니다. 법은 이 상식의 최소한을 표현한 것에 불과합니다. 당연한 얘기지만 그래서 법이 인간 사회의 모든 것을 규정할 수는 없습니다.

동네에서 어르신을 만났을 때 인사는 이렇게 해야 한다, 인사를 안 하면 어떻게 처벌한다 이런 것은 법에 규정되어 있지는 않습니다. 상식에 해당하는 겁니다. 마을에서 어르신을 만나면 허리를 숙여 인사를 드려야지요. 아침에 만나면 "어르신 식사하셨습니까? 밤새 안녕하셨습니까?" 이렇게 인사를 드리는 거죠. 그러면 인사를 받는 어르신도 "그래! 자네 별일 없는가?" 이렇게 확답을 해주는 겁니다. 이건 오랜 역사 속에서 우리가 정착시킨 하나의 문화이고, 그런 의미에서 상식이라고 얘기할 수 있습니다. 이런 것까지 다 법으로 정해놓지는 않지요. 이 같은 문화와 전통, 즉 상식의 대부분은 법이 없어도 작동되면서 사회가 운영되지만, 그중에 특별한 사건 또는 상황에 대해서는 법률적으로 명확하게 정해두지 않으면 분란을 일으킬 수 있습니다. 이런 것들만 모아서 만들어놓은 것이 법입니다. 그래서 법을 상식의 최소한이라고 설명합니다.

어떤 법이 상식에 맞지 않을 때는 법과 상식, 어느 쪽이 먼저일까요? 당연히 상식이 우선입니다. 상식에 맞지 않는 법이 가끔 잘못 만들어질 때가 있습니다. 정략적인 이해관계 때문에 또는 불순한 목적을 가지고 법이 일시적으로 상식에 반하여 만들어질 때가 있지요. 법과 상식이 충돌할 때 저는 상식을 택하겠습니다. 왜냐하면 법은 상식의 최소한에 불과하기 때문입니다.

상식을 자연법이라고 표현하기도 합니다. 인간 사회에서 만들어낸 인간의 법이 자연법을 거스를 수는 없습니다. 자연법은 '자연의 법칙'이라고 이해해도 됩니다. 즉 어려운 사람, 불쌍한 사람이 있으면 도와주면 됩니다. 또 살인이나 도둑질, 거짓말은 하지 말아야 합니다. 고조선의 '8조 금법'처럼 가장 자연스럽고 보편적인 원리, 이것을 자연법이라고 말합니다. 이 자연법과 인간이 만들어낸 실정법이 충돌할 일은 사실 거의 없겠지만, 그래도 이따금 충돌된다면 우리는 당연히 자연법을 따르는 것이 맞습니다. 상식을 따르는 것이 맞다는 의미입니다. 왜냐하면 법은 상식의 최소한이니까요.

최근에 이 명제에 의구심이 생겼습니다. 문재인 좌파 세력이 정권을 잡고 난 후, 상식에 맞지 않는 몰상식한 법들을 계속해서 만들어내고 있기 때문입니다. 공수처법이 대표적인 예입니다. 헌법에 위배될 뿐 아니라 상식에도 맞지 않는 법을 머릿수가 많다고 밀어붙였습니다. 이 몰상식한 공수처법이 아무리 이미 만들어졌다고 하더라도 이 법이 우리의 상식에 맞지 않는다면, 우리는 상식을 선택해야 합니다. 문재인 좌파 정권이 들어선 후 이렇게 상식과 충돌하는 몰상식한 법들이 계속 만들어지고 있습니다. 법은 상식의 최소한이라는 수천 년간 내려온 명제가 부정되고 있는 것입니다.

둘째, 법은 어떤 경우에도 현실을 앞서갈 수는 없습니다. 조금만 생각해 보십시오. 어떤 범죄가 일어나기도 전에 그 범죄를 처벌할 법을 만들어 놓을 수는 없지 않겠습니까? 지금처럼 정보통신 혁명이 시시각각 진행되고, SNS가 오프라인 이상으로 중요한 의미를 갖게 되면 이와 관련된 수많은 범죄들이 발생하게 되지요. 그래서 SNS 관련 범죄를 규제하고 적발하고 처벌하는 법들이 계속 만들어지지 않습니까?

20년 전만 해도 우리는 SNS를 생활 속에서 체감하지는 못했습니다. 막연한 추측과 예측만 할 수 있었지요. 그러니까 지금의 SNS 세상은 그 당시에는 아직 도래하지 않은 미래였던 겁니다. 그런데 20년 후에 이런 사회가 올 것이 분명하니 그때를 대비해서 이러이러한 법을 만들자 했다면 가능했겠습니까? 미래 학자의 예측이 법이 되지는 못하는 겁니다. 만약 그 당시 어떤 예언자가 이런 주장을 했었다면, 지금은 그를 높이 평가해야겠지요. 선견지명이 탁월하다고 말입니다. 그러나 법은 그런 식으로 만들어지는 것이 아닙니다. 발생하지 않은 일을 대비해서 법을 만들 수는 없다는 말입니다.

법은 현실을 쫓아가기 마련입니다. 그래서 법은 생리적으로 보수적일 수밖에 없는 것입니다. 법은 현실 속에서 벌어지는 일에 수동적으로 대처할 수밖에 없다. 이것이 법의 속성, 법의 운명입니다. 법이 늘 기존 질서를 유지하는 역할과 임무를 부여받는 이유입니다. 기존 질서를 유지하는 역할과 임무로부터 법의 안정성이 나오는 것이고, 법의 본질적 보수가 나오는 것입니다.

자유 우파는 법을 질서 유지의 수단으로 생각합니다. 지금의 이 질서가 수천 년간의 역사를 거쳐서 여기 이렇게 존재하게 된 데에는 다 나름의 이유가 있다고 보는 겁니다. 인류 역사의 지혜와 정수가 모여서 지금의 법 체계, 지금의 사회 질서가 만들어졌다고 보는 거죠. 자유 우파의 입장에서 법은 이러한 수천 년간에 걸친 인류 지혜의 정수로서 현존 사회 질서를 유지하기 위한 마지막 수단인 겁니다. 그래서 법은 지켜져야 하는 겁니다. 법이 지켜져야만 수천 년간에 걸친 인류 지혜의 정수가 온전하게 보존되고 보전될 수 있는 것입니다. 이것이 "악법도 법"이라면서 법 앞에 자신의 목숨을 던진 소크라테스의 정신입니다.

좌파 입장에서 보면, 이 '법이라고 하는 놈'이야말로 자신들을 억누르고 억압하고 수탈하면서 기존 질서를 유지하는 가장 나쁜 것입니다. 이 세상을 뒤집어 엎어야 한다고 생각하는 좌파들로서는 기존 질서를 유지하는 마지막 수단인 법이야말로 세상을 바꾸기 위해서 가장 먼저 해체해야 할 대상이 되는 겁니다. 이러한 이유로 좌파들은 자신들이 원하는 사회를 만드는 혁명 과정의 첫 번째 순서로 기존 질서를 유지하는 법률을 해체합니다.

"이것은 기득권들의 이익을 수호하는 억압 장치에 불과해, 그런 법은 악법이니까 무시해 버려."라고 하면서 말입니다.

좌파가 권력을 잡은 후 가장 먼저 하는 것이 있다면, 기존 질서를 유지해왔던 법을 정지시키는 겁니다. 지금까지의 법은 모두 무효라고 하면서 자신들이 생각하는 새로운 법률을 공포합니다. 좌파에게 법은 질서 유지 수단이 아니라 기존 질서를 전복하고 파괴하는 혁명 수단이 되는 겁니다. 좌파들은 정권을 잡으면 제일 먼저 혁명검찰소, 혁명재판소를 설치합니다. 법의 이름으로 혁명을 하기 위해서 그렇게 합니다.

좌파들은 자신들이 급조한 새로운 법에 따라서 혁명검찰소를 운영하고, 혁명재판소를 운영합니다. 이걸 통해서 기존 질서의 기득권자들을 숙청해 나가죠. 자유 우파에게 법은 수천 년간 내려온 인류 지혜의 정수(精髓)이며, 기존 질서를 수호하고 유지하는 수단이지만 좌파들에게 법은 혁명의 수단입니다. 좌파들은 법을 자신들을 억압하고 착취하는 기득권 세력의 통치 수단, 기득권 세력의 포악한 통치 수단에 불과하다고 규정합니다. 따라서 좌파들에게 법은 안 지켜야 되는 겁니다. 지키면 오히려 창피한 일이 됩니다. 처벌받지만 않는다면 무시하고 훼손합니다.

자유 우파에게 지혜의 정수인 법은 기존 사회 질서를 유지하는 가장 유력한 수단이지만 좌파에게는 자신들의 혁명을 저해하는 가장 성가신 장애물입니다. 그렇기 때문에 좌파는 권력을 잡는 과정에서 법을 무력화하고 해체하고 권력을 잡은 다음에도 가장 먼저 이 법을 없앱니다. 그리고 자신들의 통치 수단으로써 새로운 법을 공표합니다. 러시아 혁명 때의 제헌 의회가 바로 그것입니다.

자유 우파와 좌파에게 법은 이렇게 완전히 다른 의미를 갖습니다. 따라서 자유 우파가 좌파와 이념 전쟁을 벌이면서, 수천 년 내려온 대한민국의 정통성과 지혜의 정화인 대한민국 헌법을 좌파들의 공격으로부터 수호하는 것이야말로 가장 핵심적인 행동 영역입니다. 좌파들 또한 대한민국 헌법이라는 기존 법 체계를 와해시키고, 무력화시키는 것이 자신들이 꿈꾸는 세상을 만드는 첩경이기 때문에 끊임없이 대한민국 헌법에 훼손을 시도합니다. 자유 민주주의에서 '자유'를 뺀다든지, 자유 민주적 질서로 통일한다에서 '자유'를 뺀다든지 하는 방식으로 대한민국 헌법을 왜곡하고 변형하고 훼손하려고 끊임없이 시도합니다. 그것이 문재인 좌파 세력이 정권을 잡자마자 문재인 발 개헌안을 불쑥 내밀었던 진짜 이유입니다.

지금 190석 가까운 의석을 차지하고 있는 문재인 좌파 세력은 10석만 더 확보하면 자신들이 생각하는 새로운 사회로 가기 위한 징검다리로 헌법을 뜯어고칠 수가 있게 됐습니다. 한 번, 이 둑이 무너지면 지난 75년 동안 대한민국을 지켜온 대한민국 헌법은 파괴되고, 좌파들이 꿈꾸는 세상으로 가게 될 겁니다. 법은 더 이상 기존 질서를 유지하는 자유 우파의 법이 아니라 좌파들의 혁명 수단으로 전락하게 될 겁니다. 앞으로 남은 4년, 대통령 선거, 지방 선거, 그리고 국회 의원 선거를 거치면서 어떻게 대한민국 헌법을 수호할 것인가? 좌파들의 끊임없는 침탈로부터 어떻게 대한민국 헌법을 지켜낼 것인가? 이것이야말로 자유 우파가 목숨 걸고 달려들어야 할 절체절명의 과제입니다.

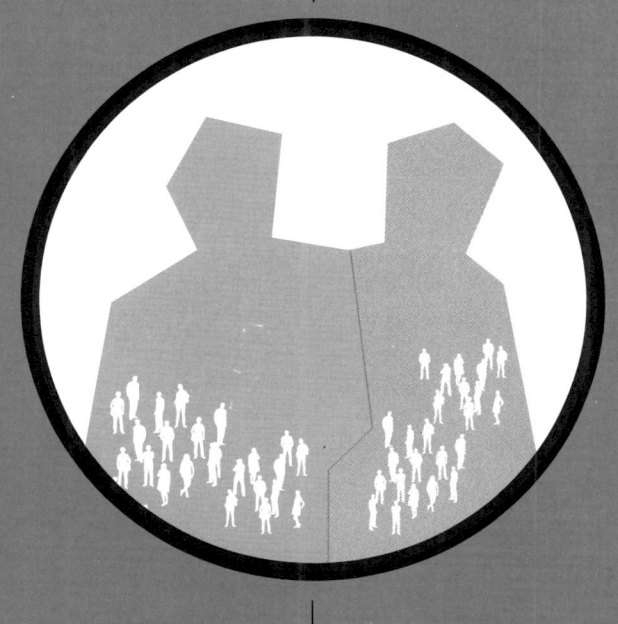

각론

11
헤게모니, 그리고 양대 전략

좌파는 처음에는 기동전 전략을 썼습니다. 그러다가 진지전으로 바뀌었습니다. 지금은 기동전 플러스 진지전을 구사하고 있죠. 반면에 우파는 처음에는 전략이 없었습니다. 전략 자체가 없다가 최근 들어서 기동전으로 경도되고 있습니다.

기동전과 진지전을 살펴보겠습니다. 기동전은 거리에 나가서 데모하는 겁니다. 손에 아무것도 안 들고 하면 데모고 손에 뭔가를 들면 폭동이죠. 손에 총을 들고 나가면 내전인 겁니다. 기동전은 그런 겁니다. 데모건 폭동이건 사람들이 길거리로 쏟아져 나오면서 권력과 맞서서 싸우는 것을 기동전이라고 합니다.

진지전은 여러 군데에 진지들을 구축해 놓고 이 진지를 방어하는 겁니다. 자꾸 진지를 만들어서 권력을 포위하는 거죠. 이 진지를 통해서 대중을 자기 편으로 만들어내는 겁니다. 겉으로 보면 거리에서 총을 쏘거나 돌을 던지거나 화염병을 던지는 일이 없으므로 진지전은 평화로워 보여요. 그러나 진지전은 실제로는 훨씬 더 치열한, 훨씬 더 처절한 전면전입니다. 피만 보이지 않을 뿐입니다. 아니 사실은 가끔 피를 보기도 합니다

좌파들도 처음에는 기동전만 생각했습니다. 이것이 레닌의 체제입니다. 레닌이 1917년 러시아에서 사회주의 혁명을 일으켰을 때 레닌의 혁명 세력은 차르 권력의 친위대와 총을 쏘면서 시가전을 벌였습니다. 그리고 무력으로 차르가 살고 있던 궁전을 점령해버렸죠. 기동전으로 이겨버린 거지요. 그 후로 좌파들은 레닌의 모델을 따라서 기동전 전략을 계속 시도했습니다. 어떻게 하면 일시에 거리에 모여 데모를 해서 정권을 무너뜨릴까? 극단적인 형태로 로자 룩셈부르크와 같은 테러리스트까지 나타납니다. 좌파 테러리스트들도 기본적으로 기동전 전략에 입각해 있는 겁니다.

좌파 게릴라들이 국회 의사당을 점령하고 국회 의장을 감금하는 일은 라틴아메리카 같은 곳에서는 흔히 있는 일이었습니다. 권력이 모여 있는 곳이 대통령궁과 국회니까 대통령궁과 국회를 직접 무력으로 점령하고 접수해서 거기에 자기들이 생각하는 좌

파 정권을 세우면 된다는 것이지요. 이러한 전략이 기동전 전략입니다.

기동전 전략이 성공한 나라로는 1917년의 러시아, 1959년의 쿠바 정도입니다. 두 나라 빼놓고는 다 실패했습니다. 모택동의 중국 공산화 과정은 기동전이라고 설명하기에는 굉장히 복합적인 전쟁이었기에 기동전의 전형이라고 할 수 없습니다. 러시아와 쿠바가 기동전의 전형입니다. 이 두 나라에서 기동전이 성공할 수 있었던 요인은 무엇일까요?

우선 권력이 너무 취약했습니다. 러시아 차르 권력은 겉으로는 엄청나게 센 것처럼 보이지만 한 번 무너지니까 그냥 한순간에 무너져내져 버린 거지요. 쿠바도 마찬가지입니다. 바티스타 정권이 겉으로는 강해 보였지만 굉장히 허약했습니다. 백여 명밖에 안 되는 카스트로 좌파 게릴라들이 밀고 들어오니까 다들 도망가 버리고 끝나버린 겁니다. 그래서 성공한 겁니다. 당시 정권이 허약하다 보니 한 번의 타격에도 국가 권력이 전복돼 버린 경우입니다. 이런 경우를 빼놓고는 기동전이 성공한 적이 없습니다. 마지막 기동전은 1968년 5월 파리에서 있었고, 1969년 6월 도쿄에서 있었지요. 좌파들은 1968년 5월을 68년 혁명이라고 부릅니다.

68년 혁명 당시 파리의 대부분 대학이 동맹 휴학을 했습니다.

프랑스의 파리는 전통적으로 좌파 노조들이 강한데, 이 노조가 총파업을 합니다. 학생들의 동맹 휴업과 노조의 총파업이 결합이 돼서 파리 시내에 천만 명의 학생, 노동자들이 파리 시내를 다 매웠다고 보도되었습니다. 글쎄요 파리 시민들이 그 당시에 천만 명이나 되었는지는 잘 모르겠습니다. 약간 과장이 된 것이겠지요. 어쨌든 수많은 청년, 대학생과 노동자가 거리로 나와서 시위를 했지만 졌습니다. 좌파가 대규모 기동전을 펼쳤으나 국가 권력이 워낙 단단해서 결국은 지고 말았습니다. (여기서 말하는 국가 권력이란 단지 대통령 권력만을 말하는 것이 아닙니다) 그렇게 한번 거리로 나서기만 하면 국가 권력을 바로 접수할 줄 알았는데 교회가 반대하고 언론이 도와주지 않더라는 겁니다. 지식인들도 침묵하고요. 오히려 대학생 동맹 휴학, 노조의 총파업에 대해서 비판적인 여론이 서서히 형성돼서 좌파는 패배할 수밖에 없었습니다.

1969년 도쿄는 전공투 투쟁으로 유명합니다. 도쿄대학의 야스다 강당을 극좌파들이 점령했지요. 며칠 동안 해방구가 됐습니다. 도쿄대학 야스다 강당을 중심으로 해방구를 만들고, 일본 정부의 썩은 권력을 일거에 무너뜨리려고 했다가 경찰의 타격을 받고 진압됐습니다.

썩은 권력인 일본 정부와 싸우면 국민이 자기들을 도와줄 거로 생각했는데, 국민들은 갈수록 싸늘해졌습니다. 이들이 총으로 무장을 했거든요.

"자민당 정권 나쁜 건 알겠고 부패한 것도 알겠는데 그래도 이건 아니지, 공부하는 애들이 갑자기 총 들고 강당 점거하고, 어쩌자는 거야!"

이런 여론이 확산되면서 극좌파의 봉기는 아주 손쉽게 진압당했습니다. 좌파는 1968년, 69년에 전 세계적으로 두 번 기동전을 해본 겁니다. 파리와 도쿄에서 그런데 형편없이 깨졌습니다.

좌파 지식인들은 패배의 원인을 연구하기 시작했습니다. 자기들이 믿어 의심치 않았던 기동전 전략이 참담하게 실패했으니까요.

"우리가 왜 졌지? 레닌이 시키는 대로 했는데 왜 졌을까?"

이 답을 얻기 위해 좌파의 유력한 지식인들이 달려듭니다. 그 결과 이들은 안토니오 그람시라는 사람을 재발견합니다. 안토니오 그람시는 그 당시 기준으로 봐도 이미 30년 전에 죽은 사람입니다.

안토니오 그람시는 이탈리아 공산당을 창당한 사람입니다. 창당후 공산당 운동을 지휘하다가 감옥에 갇혀서 거의 죽기 직전까지 감옥살이를 하다 나와서 얼마 안 있다 죽은 사람입니다. 이 사람은 어릴 때 다쳐서 척추 장애인이었습니다. 건강이 굉장히 안 좋았지요. 그런 상태에서 감옥살이를 너무 오래 해서 거의 죽을 지경이 다 돼서 출소한 겁니다. 이 사람이 감옥 생활을 하면서, 이탈리아 공산당 당수로서 이탈리아 공산당, 당원 동지들한테 보낸 지침서들이 있어요. 이것을 편지 형식으로 써서 당원 동지들에게 보낸 겁니다. 이 편지들이 나중에 영인본으로 묶여서 책으로 출간됐습니다. 그게 『옥중소고(프리즌 노트북)』(Prison Notebook)이라는 책입니다.

옥중 소고를 감옥에서 써서 밖으로 내보낼 때, 교도소 교도관들이 검열을 했습니다. 혹시 뭐 나쁜 내용이 없나하고요. 그람시는 교도관들의 감시를 피하고자 아주 은유적인 표현을 사용했습니다. 직접 혁명하라! 이렇게 쓰는 게 아니라 우리가 큰일을 해야 한다, 이런 식으로 표현을 하는 거죠. 어느 쪽이 먼저였는지, 마치 닭과 달걀 같은 비유인데요, 그람시는 이렇게 은유적으로 표현하면서 문제의 본질에 다가갔다고 생각합니다.

그 당시의 고민은 무엇이었을까요? 그람시의 화두, 감옥에 10여 년을 사는 동안은 그람시가 고민했던 문제는 무엇이었을까요? 한마디로 얘기하면 '어떻게 이탈리아를 공산주의 국가로 만들까?'였습니다. 그때까지 유일한 혁명 노선은 레닌의 기동전 전략뿐이었습니다. 그런데 그것 가지고 될까? 차르 권력은 한 줌밖에 안 돼서 정말 총 들고 나가서 싸우면 한방에 차르 권력을 무너뜨릴 수 있었는데 이탈리아에서도 과연 그것이 가능할까? 이탈리아의 부르주아 권력은 러시아의 차르 권력보다는 더 단단하고 센 것 같은데, 과연 레닌식 기동전 전략 갖고 혁명이 성공할 수 있을까? 그람시가 감옥에 온 것도 레닌식 모델을 따라서 기동전의 일환으로 폭동을 일으켰다가 실패하는 바람에 감옥에 온 것이기 때문입니다.

레닌의 기동전 전략을 따라 했다 실패하고는 감옥에 갇힌 그람시는 동지들에게 이미 실패한 레닌 모델의 기동전을 펼치게 해야 하는가? 이것이 늘 고민이었습니다. 그람시가 '왜 나는 실패했을까? 성공하려면 뭘 해야 하나?'를 고민하다가 생각해 낸 것이 진지전입니다. 진지전이라는 개념은 좌파들의 수많은 피와 땀이 묻어 있는 개념입니다. 수많은 실패 끝에 만들어낸 새로운 혁명의 길입니다.

진지전의 핵심은 이렇습니다.

「이탈리아 국가나 서구 자본주의 국가는 레닌이 무너뜨린 러시아 차르 권력보다도 훨씬 더 강하다. 훨씬 더 발전해 있다. 이들은 단순히 국가 권력만 장악하고 있는 게 아니라 교회도 장악하고 있고, 학교도 장악하고 있고, 언론도 장악하고 있고, 각종 문화 권력들을 다 장악하고 있어서 자본주의 국가에 사는 시민들을 그들의 헤게모니하에 넣어서 관리하고 있다. 그래서 시민들은 자본주의 시장 경제가 최고의 체제라고 주입받고, 의식화되어 있다.

자유 민주주의 시장 경제가 이들에게는 지배적 이데올로기고 지배적 헤게모니가 되어 있는 상태이다. 그런 상태에서 몇 명이 모여서 학생들을 동원하고, 노조 동원해서 총 들고 나가서 이탈리아 총리를 죽였다 치자, 그렇다고 해서 국가들의 헤게모니가 없어지는 것인가? 학교가 없어지고 교회가 없어지는 것인가? 아니다. 일시적으로 우리가 국가 권력을 전복해도 다시 자본주의 시장 경제 체제는 복원될 것이다. 우리는 너무나도 강하고 무서운 적과 싸워야 한다. 그걸 하려면 레닌의 기동전으로는 더는 안 된다. 우리도 철저하게 바닥으로 들어가서 자본주의 국가가 구축해 놓은 각종 진지를 우리 것으로 하나하나 바꿔내야 한다. 진지를 뺏고 뺏는 진지전으로 가야만 피해를 최소화할 수 있고 언젠가는 승리할 수 있다.」

대한민국 좌파는 처음에는 기동전을 했습니다. 박헌영의 폭동도, 박근혜 끌어내린 촛불도 기동전입니다. 기동전을 하려면 누구도 부인할 수 없는 명백한 적이 있어야 합니다. 레닌이 러시아를 공산주의로 만들 때는 누구도 부인할 수 없는 차르라는 적이 있었습니다.

"차르는 나쁜 거야. 저자를 쳐 없애지 않으면 인민들이 불행에서 벗어날 수 없어."라고 생각하게 하는 공동의 적이 있었던 것입니다.

87년 6월 민주화 운동은 매우 성공적인 기동전의 사례입니다. '공동의 적'인 전두환 정권에 맞서 국민 다수의 참여를 이끌어 낼 수 있었습니다. 같은 맥락에서 수동적 혁명의 성공적 사례가 바로 6.29 선언입니다. 6.29선언으로 공동의 적이 없어집니다. 선거를 통해서 노태우 정권이 들어섰기 때문에 노태우 정권을 향해서 절대 다수 국민이 적이라고 하기가 어렵게 된 것입니다. 공동의 적이 사라지니까 공동의 적이 있었을 때 유용했던 기동전 전략 또한 의미가 사라집니다. 노태우 정권이 들어섰는데도 계속 데모만 하고 있어서는 오히려 다수 국민과 유리될 수 있다는 판단을 좌파들이 하게 된 것입니다.

그때부터 좌파 진영은 기동전을 포기하고 진지전으로 극적인 노선 전환을 합니다. 이 노선 전환을 주도한 세력이 바로 지금의 주사파입니다. 주사파는 오랜 대중 활동의 노하우가 쌓여 있는 세력입니다. 이 세력은 전두환 정권이 노태우 정권으로 성공적으로 정권 이양을 이루는 것을 보면서 이 상태에서는 계속 거리에 나가서 데모하고 시위하고 선동을 해도 이길 수 없다는 인식을 하게 됩니다. 그렇다면 장기전으로 갈 수밖에 없다고 판단하고 좌파들은 각종 진지에 스며들어 가지요. 주사파들의 하방 운동 시기가 도래했던 것입니다.

'하방 운동'은 중국 문화 혁명에서 나온 말인데 중앙에서 일하던 고위 간부들이 사상 개조를 하기 위해서 농촌의 농장이나 공장에 가서 6개월이나 1년 정도 노동자로서 일하면서 사상 개조를 하고 올라오는 걸 말합니다. 그 이후에 하방이라는 단어는 좌파 진영에서 현장으로라는 말과 똑같은 동의어로 쓰였습니다. 이때부터 하방 운동이 조직적으로 전개돼서 중앙에서 놀지 말고 하방하자, 사시 공부 하러 절에 들어간 사람, 대기업에 들어간 사람, 회계사 공부하러 간 사람, 생활협동조합 운동을 하러 간 사람, 교사로 들어간 사람 등이 대량으로 나옵니다. 다 현장으로 들어가지요. 그때 들어간 사람들이 현장에 들어가서 어느 정도 영향을 가지게 되면 거기서 뭘 했을까요?

교육 현장에 하방한 주사파 활동가는 학생들로부터 존경받는 교육자가 되기 위한 일부터 합니다. 당시만 해도 학교 선생님들은 촌지를 받고 학생들한테 함부로 폭력과 폭언하는 일들이 잦았습니다. 교육 현장으로 간 전교조 교사들은 교육 현장의 이 같은 문제점들을 잘 포착해서 "인간주의 교육을 해야 합니다. 아이들도 인격적으로 존중해줘야 합니다. 촌지 같은 걸 받으면 안 됩니다." 하면서 학교 현장의 학생들로부터 신뢰를 받게 되고 존경을 받게 됩니다. 학생들로부터 존경받는 것은 곧바로 아이들의 학모들로부터도 존경과 신뢰를 받게 되는 것이죠. 이런 방식으로 전교조는 당시 학교 현장의 가장 큰 조직이었던 교총보다 숫자는 얼마 안 되지만 학교 현장에서의 영향력은 훨씬 더 커지는 상황을 만들어냅니다. 이 흐름이 10년, 20년, 30년 계속되면서 지금의 전교조가 된 것입니다.

그러니 전교조는 학교 현장에 뿌리박은 좌파 헤게모니 조직입니다. 전교조가 그렇고, 민노총이 그렇고, 민변이 그렇고, 참여연대가 그렇습니다. 여러 수천 개에 달하는 생협이 그렇습니다. 진지전으로 돌입한 지 30년입니다. 광우병이라는 이슈가 나타나도 수백 개의 진지에서 갈고 닦은 좌파 단체들이 모여서 일시에 광우병 촛불집회를 하게 되는 것이고, 최순실 사건이 터져도 수십 년간 각자의 진지에서 갈고 닦았던 그 실력과 자금들을 가지고 600개 단체가 며칠 만에 모여서 박근혜 퇴진 국민행동본부를 만들고 촛불집회를 주도하게 되는 거지요. 박근혜 탄핵 당시 촛불집회는 30년간에 걸친 좌파들의 진지전의 결과가 광장에서 분출된 것입니다.

촛불집회를 보도하는 언론의 편파성을 자유 우파가 통탄하는

데 그걸 보도하는 사람들도 수십 년간의 진지전에 의해서 좌파 성향을 갖게 된 사람들입니다. 그들의 입장에서는 당연히 촛불집회를 더 크게 보도하고 태극기 집회를 어떻게든 좀 작게 보도하게 되죠. 그게 정의라고 생각하는 겁니다. 모든 영역 모든 진지에서 좌파 헤게모니가 우파 헤게모니를 앞서는 역전의 30년이 있었습니다. 처음에는 좌파들이 헤게모니를 갖고 있지 않았어요. 87년을 기점으로 해서 조직적으로, 전략적으로 진지전 전략으로 노선 전환을 한 후 전부 현장에 뛰어들어서 30년 동안 고생고생해서 지금의 헤게모니를 만들어낸 것입니다. 지금은 사회 어느 분야에 가도 좌파가 앞서는 이러한 대역전이 지난 30년 동안 전개됐던 겁니다.

이제는 자기들이 원래 잘하는 기동전과 30년 동안 갈고 닦은 진지전을 자유자재로 유연하게 결합할 수 있는 수준까지 왔습니다. 박근혜 탄핵을 예로 들 수 있습니다. 박근혜 탄핵은 좌파의 진지전 전략과 기동전의 노하우가 결합한 겁니다. 자유 우파는 좌파의 촛불에 맞서서 태극기를 들었지요. 그런데 태극기 세력은 과연 이 같은 진지전적 고민과 진지전적 기반을 갖추고 있었던 것일까요? 또 좌파들의 기동전과 같은 그런 수백, 수천 회에 걸친 기동전의 노하우를 잘 살려서 했던 것일까요? 제가 보기에 지난 4년간 좌파 폭정에 맞서 유일하게 투쟁해온 태극기 세력이지만 태극기 집회, 태극기 세력은 기동전적 노하우도 별로 없었고, 진지전 쪽 고민은 애초에 없었던 상황이었습니다. 그래서 아무리 많이 모여도 좌파와 싸워서 이길 수는 없었습니다.

자유 우파는 프레임에 대한 고민 없이 지금까지 왔습니다. 이승만 대통령이 건국해 주고, 박정희 대통령이 산업화 근대화를 만들어준 기반 위에서 주류로서 편안하게 권력을 누리면서 살아왔습니다. 어디를 가나 우파가 다수였습니다. 학교에 가도, 교회에 가도, 방송국에 가도 다 우파였습니다. 그 우파 헤게모니가 만들어지는 과정에서 이승만, 박정희 두 사람이 어떠한 간난신고(艱難辛苦: 몹시 고되고 어렵고 맵고 쓰다)를 겪었는지에 대해서도 별 고민이 없었습니다. 그러다가 어느 날 갑자기 좌파들의 진지전, 그리고 진지전과 결합한 기동전에 정권을 빼앗겨 버린 겁니다. 당황스럽지요. 당혹스럽지요. 억울하지요. 그 억울하고 분한 마음과 당황스러운 마음이 반발적으로 터져 나온 것이 태극기 세력인데, 이것은 굳이 따지면 진지전이 아니라 기동전 그중에서도 심하게 경도된 기동전이었던 겁니다.

이러한 이유로 태극기 세력이 극우로 몰리고 있습니다. 지금의 상황을 완전히 재구성하고 역전시키지 않으면 자유 우파가 좌파를 이길 수가 없습니다. 진지전만 갖고도 엄청나게 센데, 좌파는 진지전에다가 수십 년간 갈고 닦은 기동전 전략까지 탑재했습니다. 그런데 우파는 감정적으로 격앙된 상태에서 질서없는 기동전 전략을 가지고 대응하고 있습니다. 이대로라면 절대 이길 수 없습니다. 자유 우파는 기동전과 진지전에 대한 전략적 고민을 깊이 해야 합니다. 전략의 밑단부터 다시 짜야 합니다. 다소 시간이 걸리겠지만 그렇게 하지 않으면 빼앗긴 헤게모니를 찾아올 수 없고, 정권도 찾아올 수 없습니다.

12
독재의 가면

"1 더하기 1은 2다."

이 명제는 투표로 결정할 문제가 아닙니다. 바보들 99명이 1+1=3이라고 주장하고 우기고, 정상적인 한 사람이 1+1=2라고 주장한다고 가정해봅시다. 99대 1로 머릿수가 많다고 답이 달라지는 것이 아닙니다. 명증(明證: 인식이나 판단의 진리성에 대해서 아무런 증명도 필요하지 않을 만큼 직접적인 확실성)한 명제, 명증한 테제는 투표의 대상, 선거의 대상이 될 수 없습니다. 하나님이 존재하느냐 안 하느냐, 이 또한 투표로 결정할 수 없습니다. 우리가 죽은 다음에 사후 세계가 있느냐 없느냐도 마찬가지입니다.

그렇다면 투표로 결정할 수 있는 것은 무엇일까요? 이렇게 해도 되고, 저렇게 해도 될 때 투표를 합니다. 아무래도 소수보다는 여러 사람이 가는 방향으로 가는 것이 덜 위험하니까 투표를 하는 겁니다.

투표를 통해 결정된 것이 영원히 옳은 것일까요?
아닙니다. 투표는 특정 시점의 다수의 생각이 표현된 것에 불과합니다. 그 결정은 한 달 후에도 바뀔 수 있고, 1년 후에도 바뀔 수 있지만, 10년 내내 유지될 수도 있습니다. 그래서 투표를 자주도 하는 겁니다. 투표를 통해서, 어떤 결정을 했다는 것은 선거를 통해서 불완전한 어떤 결정을 잠정적으로 했다는 뜻입니다. 완전한 결정은 투표로 이루어지는 게 아니기 때문입니다.

투표는 대통령감으로 윤석열이 나은지, 이재명이 나은지, 황교안, 원희룡이 나은지를 결정하는 겁니다. 절대적으로 윤석열이 낫다, 절대적으로 이재명이 낫다, 절대적으로 황교안, 원희룡이 낫다, 이런 것이 아닙니다. 절대적 판단이 가능하면 투표를 할 필요가 없습니다. 2017년 5월 9일, 시점에서 대한민국 국민 다수가 안철수보다는 홍준표가 낫고, 홍준표보다는 문재인이 좀 낫지 않냐고 결정을 했습니다. 그것은 2017년 5월 9일의 대한민국 국민 다수의 결정일 뿐입니다. 이것은 1년 후, 2년 후, 3년 후 언제든지 바뀔 수 있습니다. 실제로 대통령 지지율이 계속 움직이듯 말입니다.

그렇다면 매일매일 투표하자. 아예 대통령을 하루짜리로 만들자고 할 수도 있습니다. 국민이 결정하면 못할 게 뭐가 있겠습니까? 그러나 이렇게 하는 것은 국정 운영의 영속성이 너무 훼손되니까 하루마다 대통령 바꾸는 것은 무리가 많겠지요. 아니면 1년에 한 번씩 대통령을 바꾸는 것은 어떨까요? 국민이 합의하면 가능해지는 겁니다.

실제로 그렇게 하는 나라가 있습니다. 스위스입니다. 스위스는 내각제 국가이지만 상징적 대통령이 있는데, 대통령은 1년에 한 번씩 돌아가면서 하게 돼 있습니다. 여러 주에서 한 명씩 대표가 나옵니다. 그래서 투표도 안 하고 순차적으로 하고 있습니다. 국민의 뜻이라면 이런 방법도 가능하겠지요.

4년에 한 번 정도로 해보자는 것은 오랜 경험에서 나온 상식적 합의입니다. 4년에 한 번씩 하되 한 번 더 할 수 있도록 하는 것, 이것이, 4년 중임제입니다. 지금 우리는 대통령 임기를 5년으로 하고 단임제로 하고 있지요. 장기 집권 우려 때문에 33년 전에 헌법 개정을 했던 것입니다.

사실 어느 것도 절대적으로 옳다고 할 수는 없습니다. 정치 권력 구조도 마찬가지입니다. 내각제가 절대적으로 옳다면 대통령제를 따르는 나라는 빨리 내각제로 바꿔야겠지요. 미국 대통령제가 절대적이라면 영국, 프랑스, 독일, 전부 다 권력 구조를 바꿔야겠지요. 그러니까 권력 구조에 있어서 대통령제냐, 내각제냐, 이원 집정부제냐 대통령제도, 4년 중임제, 4년 연임제, 5년 단임제는 절대적인 진리가 아니라 국민의 선택에 따라서 이럴 수도 있고 저럴 수도 있는 겁니다.

선거는 이럴 수도 있고 저럴 수도 있을 때 다수의 의견을 모으는 것입니다. 그러나 중국이나 북한 같은 공산 사회의 선거는 민주주의를 한다고 광고하기 위한 수단에 불과합니다. 김정은이나 시진핑에게는 선거가 필요 없습니다. 자신들이 완전한데 굳이 국민의 의견을 물을 이유가 없지요. 그런데도 선거를 합니다. 북한에도 우리나라의 국회 격인 최고인민회의가 있고 선거를 합니다. 늘 99.9%의 찬성이 나오지만 말입니다. 중국도 북한처럼 형식상 선거를 합니다. 논리적으로나, 철학적으로나 선거가 필요 없는데 왜 선거를 할까요? 앞서 말했듯이 우리도 선거라고 하는 민주주의 절차를 밟고 있다고 광고하기 위해서입니다. 그야말로 독재를 민주주의의 외형으로 가리기 위한 수단입니다.

공산주의 국가의 이 경우에는 권력을 잡고 있을 때 그렇게 하는 거예요. 우리나라 좌파들은 권력을 잡고 있지 않잖아요. 좌파들은 권력을 잡기 위해서 무엇을 했을까요?

첫째, 무장 폭동을 일으켰습니다. 박헌영은 권력을 잡기 위해서, 45-46년 수많은 무장 반란 폭동을 계획하고 일으켰습니다.

둘째, 전쟁을 했습니다. 김일성이 박헌영이랑 손잡고 밀고 내려왔잖아요? 남한을 혁명으로 해방하겠다고 전쟁을 했지요.

셋째, 체제 전복을 위해 정치 투쟁을 했습니다. 좌파는 6.25전쟁 패배 후 끊임없이 데모와 선전·선동을 했어요. 수많은 대중 집회를 하고, 최근에는 촛불집회까지로 진화했습니다. 정권을 잡기 위해서, 광우병 때도 촛불을 들고, 박근혜 탄핵 때도 촛불을 들었는데, 그 촛불을 든 진짜 목적은 정권을 잡기 위해서입니다.

광우병 때 미국산 쇠고기 문제만 해결되면 해산했을까요? 아닙니다. 이명박 정권을 끌어내리려고 촛불을 들고 나갔는데 끌어내리는 데까지는 못 간 거죠. 그리고 몇 년 있다가 다시 박근혜 끌어내리려고 나갔는데, 마침내 끌어내린 거죠. 끌어내리고 정권을 쉽게 잡은 거죠. 선거는 그 다음에 있었던 거예요.

좌파들이 정권을 잡는 방법은 다양합니다. 폭동, 전쟁, 시위, 선동 등 좌파에게 선거는 정권 잡는 여러 수단 중 하나에 불과합니다.

좌파에게 가장 중요한 수단은 폭력 혁명이에요. 마르크스와 레닌이 백여 년 동안 가르쳐 온 거지요. 계급 간 이익 충돌은 본질적으로 갈등 관계이며 적대적이기 때문에 대화와 타협으로는 늘 해결 안 된다는 겁니다. 프롤레타리아트들이 폭력 혁명을 통해서 부르주아지들을 처단하고 자본주의 사회를 사회주의, 공산주의 사회로 발전시켜야만 자신들이 꿈꾸는 세상이 된다고 믿는 겁니다. 따라서 좌파가 정권을 잡는 데 쓰는 가장 중요한 수단은 폭력입니다. 선거는 여러 수단 중에서도 부차적인 수단입니다. 반면에 우파에겐 선거가 가장 본질적인 수단입니다.

박정희 정권은 우파 정권이었습니다. 그런데 박정희 정권이 권력을 잡았던 방법은 쿠데타입니다. 과연 쿠데타가 정당화될 수 있는가? 쿠데타로 정권을 잡는 게 옳다고 할 수 있는가? 박정희의 딸 박근혜는 2012년 10월에 "5.16 군사 정변은 대한민국 헌법 가치를 훼손한 사건이라고 생각한다"는 입장을 표명합니다. 박정희의 딸 박근혜도 쿠데타는 옳지 않다고 얘기한 겁니다. 그러니까 자유 우파는 쿠데타와 같은 군사 행동이나 폭력을 용납하지 않지만, 좌파는 폭력 혁명, 전쟁, 폭동, 내란 선동, 촛불혁명, 집회를 당연하게 생각하는 겁니다.

자유 우파가 권력을 쟁취하는 가장 정당하고 유일한 수단은 선거입니다. 자유 우파는 과정을 중시합니다. 정권은 그 정당한 과정의 결과로서 얻어지는 것입니다. 물론 그 권력은 좋은 권력일 수도 있고 안 좋은 권력일 수도 있습니다. 중요한 것은 권력의 정당성이 권력을 잡는 과정의 정당성에서 온다고 보는 겁니다. 인간은 불완전하므로 누가 정권을 잡든, 누가 대통령이 되든, 좋은 대통령이 될 수도 있고 안 좋은 대통령이 될 수도 있습니다. 인간이 불완전하니까 어쩔 수 없죠. 그런데도 그를 대통령을 인정하는 근거는 어디서 오는가? 정당한 과정인 선거에서 오는 겁니다. 자유 우파는 과정을 중시하는 과정론자들인 것입니다.

반면에 좌파는 과정이 전부 우파에 의해서 독점되어 있다고 생각하기 때문에 과정 자체를 폭력을 통해서 부정해야만 자기들이 원하는 세상을 만들 수 있다고 생각합니다. 좌파에게 과정은 하나도 중요하지 않습니다. 이들을 결과론자라고 얘기하는 이유입니다.

좌파는 결과가 과정을 정당화시킨다고 봅니다. 그래서 공산주의 사회로 가는 과정에서 실행된 모든 폭력적 방법이 다 정당화될 수 있다고 보는 겁니다. '결과가 과정을 정당화한다.' 이것이 좌파들의 핵심 테제입니다. 결과가 과정을 정당화하기 때문에 결과만 좋으면 되기 때문에 부정 선거도 뻔뻔하게 할 수 있고, 온갖 폭력도 양심의 가책을 전혀 받지 않고 행사하는 것입니다.

자유 우파는 과정이 정당해야 그 정당한 과정을 통해서 만들어지는 결과도 정당하다고 생각하기 때문에 과정에서 약간의 문제만 생겨도 자책을 하게 돼요. 우리가 박정희 대통령의 위대한 업적을 얘기하면서도 늘 한편으로는 박정희 대통령이 쿠데타를 통해서 집권했고 10월 유신을 통해서 장기 집권을 꾀했고, 3선 개헌까지 했기 때문에 정치적으로는 문제가 많았다고 얘기를 하는 거예요. 그래서 공칠과삼이라고 하는 겁니다. 산업화, 근대화라고 하는 일곱 개의 공이 있지만, 민주주의가 훼손되고 인권이 유린당하였던 세 가지의 잘못이 있다. 그래서 공칠과삼입니다. 그런데 과보다는 공이 많으니 박정희 대통령을 너무 폄하하면 안 된다. 자유 우파는 이런 식의 논리 구조를 갖고 있어요.

똑같은 상황이라도 좌파의 해석은 다릅니다. 박정희 대통령이 자기네 사람이라고 생각 안 하니까 비난하지만 자기네 사람이라면 이렇게 말할 것입니다.

"박정희 정권을 통해서 우리가 절대 빈곤 상태에서 완전히 벗어나 선진국으로 도약하지 않았느냐?"

이것은 위양이라는 사람이 모택동의 대약진 운동을 설명했던 방법이기도 합니다.

중국 국민이 굶어 죽지 않고, 의식주를 해결한 적이 있냐? 마침

내 모택동 시대에 와서, 중국 공산당 시대에 와서 그 절대 빈곤을 벗어나지 않았느냐? 그 과정에서 대약진과 인민 공사(*1958년 설립된 중국 농촌의 사회 생활 및 행정 조직의 기초 단위)가 있었다. 그게 뭐가 문제냐.

2,000만 명이 죽은 대약진의 엄청난 비극을 이렇게 한마디로 정당화시켜준 것입니다. 좌파들의 사고방식이 딱 이렇습니다. 그래서 우파가 좌파의 뻔뻔함을 좀 배워야 한다는 이야기까지 하게 되는 겁니다. 그러나 어떤 경우에도 우파가 이렇게 뻔뻔해지면 안 됩니다. 이것은 철학의 문제이기 때문입니다.

자유 우파는 인간은 불완전한 존재이기 때문에, 누가 권력을 행사하든 그 결과가 절대적으로 좋으리라고 생각할 수는 없다고 생각합니다. 그래서 과정이 정당해야 한다고 생각합니다. 과정을 중요시 하므로 과정에서 작은 흠집·작은 흠결이 있어도 용납할 수가 없습니다. 4.15총선 관련해 여러 건의 선거 소송이 진행되고 있잖아요. 선거 과정에 심각한 문제가 있다고 보기 때문이지요. 과정의 잘못을 바로잡는 것은 자유 우파의 의무입니다. 이러한 이유로 저는 주장의 진위 여부와 관계없이 잘못된 과정을 바로잡아야 한다고 주장하는 이들의 문제 의식에 적극 공감하고, 이들의 투쟁을 지원해야 한다고 생각합니다. 더 나아가서 이 문제는 개인의 문제가 아니라 이 정치 과정의 정당성을 확보해야 할 책임이 있는 국민의 힘의 적극적 행동이 필요하다고 생각합니다. 부정 선거 의혹과 관련해서 국민의 힘에 요구하는 것은 과정이 잘못되면 모든 것이 부정될 수밖에 없다고 하는 자유 우파의 철학에 근거해서 행동해야 한다는 사실을 잊지 말라는 것입니다.

좌파는 결과가 과정을 정당화한다는 잘못된 철학을 갖고 있습니다. 다시 말해 선거 부정이 됐건, 뭐가 됐건 그들의 목표에 복무하는 수단이라고 하면은 뭐든지 할 수 있다는 뻔뻔함을 갖고 있습니다. 그러한 뻔뻔함은 개인적 뻔뻔함을 넘어 좌파의 철학적 뻔뻔함이고, 그들의 사고방식의 뻔뻔함입니다. 좌파에게는 유리할 때는 선거지만 불리할 때는 촛불과 폭동과 전쟁입니다. 이것이 지난 백여 년간 좌파의 역사가 보여주고 있는 현실입니다. 우리는 이 점을 결코 잊어서는 안 됩니다.

13
혁명과 개혁, 그 차이를 이야기하다

혁명이냐 개혁이냐?

아주 고전적인 주제입니다. 우리가 늘 유념해야 할 주제이기도 합니다. 한마디로 좌파는 혁명을, 자유 우파는 개혁을, 좌파는 혁명 노선을, 자유 우파는 개혁 노선을 택합니다. 이것은 운명입니다. 혁명과 개혁에 대해 네 가지 차원에서 비교해 보겠습니다.

첫째, 혁명은 자본주의 시장 경제 질서를 뒤엎는 겁니다. 자본가와 노동자는 자본주의 시장 경제에 있어서 두 주체입니다. 서로 긴장도 있지만 협력적 관계이고 파트너입니다. 이러한 규정이 올바를 텐데, 좌파는 이렇게 규정하지 않습니다. 좌파는 자본주의 시장 경제에서는 기업가는 왕이고 노동자는 노예라고 가르칩니다.

'쇠사슬밖에 잃을 게 없는 망국의 노동자들이여, 단결해서 세상을 뒤집자.'

마르크스가 공산당 선언에서 선동했던 것 아닙니까? 기업가는 왕이고 노동자는 노예다. 기업가는 위에 있는 존재고 노동자는 아래에 있는 존재다. 혁명은 이것을 뒤엎어버리는 것이다. 혁명이 이루어져서 자본주의 사회가 공산주의 사회가 되면 밑에 있던 노동자는 위로 올라가서 세상의 주인이 되고 위에 있던 기업가들은 끌려 내려와서 노동자 아래에 있게 된다고 주장하는 겁니다.

만인이 평등한 세상, 그런 것은 없습니다. 공산주의에서는 노동자 출신이냐, 자본가 출신이냐에 따라서 모든 것이 바뀝니다. 공산주의 사회에서 노동자는 1등 국민이요, 농민 및 소자산가는 2등 국민이요, 자산가, 지주는 3등 국민입니다. 가장 철저한 카스트 사회와 같은 계급 사회가 공산당 사회입니다. 모든 것이 출신 성분에 의해서 규정되는 곳, 바로 공산당 사회입니다. 계급 없는 사회, 평등한 사회, 그것은 선동 구호에 불과합니다.

혁명은 기존 질서를 완전히 뒤집어 엎는 겁니다. 기존 질서를 해체한다고 모두가 평등하게 사는 것이 아닙니다. 기존 질서를 단순히 뒤집어 엎는 구조입니다. 밑에 있던 노동자가 위로 가고,

위에 있던 자본가를 아래로 가게 만들어버리는 완전한 전복이 공산당 좌파가 꿈꾸는 혁명입니다.

개혁은 기존 질서를 유지하고, 기존 질서가 원활하게 작동되지 못하는 고장난 부분을 고치는 것입니다. 자본주의 시장 경제는 원래 자본가와 노동자, 사용자와 노동자가 서로의 이익을 위해서 자유롭게 활동함으로써 '보이지 않는 손'에 의해서 조화를 이루는 것인데, 자본주의 시장 경제가 굴러가면서 부자는 점점 부자가 되고 돈은 돈대로 자꾸 모여서 마침내 독과점의 부정적인 모습이 연출됐을 때, 이것을 고쳐가는 것, 이것을 수정해가는 것이 개혁입니다. 이 수정을 통해서 독과점의 폐해를 없애고, 자본가와 노동자가 다시 파트너로서 자유로운 시장 경제 속에서 원활하게 작동됨으로써 전체적인 사회적 부를 더 많이 창출하게 하는 것이 개혁입니다. 개혁은 기존 질서를 유지하면서 문제가 되는 부분을 고쳐가는 겁니다. 혁명은 기존 질서를 완전히 전복시켜 놓은 겁니다. 뒤집어 엎는 겁니다. 이게 개혁과 혁명의 가장 근본적인 차이입니다.

둘째, 혁명은 새로운 사회를 건설하는 것이고, 새로운 사회를 건설하기 위해서 기존 질서를 다 쓸어버리고 철거해 버리는 것입니다. 달동네 판자촌들을 쓸어버리고 철거하고, 이것을 고층 아파트 단지로 새로 건설하는 것과 같습니다. 이것이 혁명입니다.

기존 질서가 싹 없어지는 거지요. 그리고 거기에 좌파들이 생각하는 유토피아 같은 새로운 사회 질서를 건설해 가는 겁니다. 이게 혁명이에요. 개혁은 기존의 마을, 기존의 건물들을 유지한 상태에서 내부를 현대화시키기 위해서 리모델링을 하는 겁니다. 기존 질서와 틀을 그대로 유지한 채 마을과 도시, 건물을 리모델링하는 겁니다.

런던이나 파리, 로마 같은 오래된 역사와 전통과 문화를 가진 유럽의 대도시들은 늘 절반 이상이 리모델링 중입니다. 반면 오랜 역사를 자랑하는 서울의 경우를 보십시오. 작은 주택들이 쫙 들어 서 있던 곳들이 몇 년 지나면 완전히 없어지고 새로운 아파트촌들이 딱 들어 서 있지요. 그러니까 서울의 주택 정책은 혁명적 방식이라고 할 수 있습니다. 런던이나 파리나 로마의 주택 정책은 개혁적 방식이라고 할 수 있습니다. 리모델링을 통해서 끊임없이 도시 전체를 현대화시키고 업그레이드시켜가면서 기존 질서와 프레임을 유지해가기 때문입니다.

반면에 서울은 싹 갈아 엎어버리고 예전에 그곳에 뭐가 있었는지, 누구도 알아볼 수 없을 정도로 아파트들을 세워버립니다. 재개발과 리모델링, 혁명과 개혁은 그런 차이가 있는 겁니다. 싹 갈아버리고 새롭게 세운다. 싹 갈아버리는 과정에서 폭력이 수반됩니다. 혁명은 폭력을 수반합니다. 반면 기존의 마을과 도시와 건

물을 유지하면서 고쳐나가는 방식은 그곳에 사는 사람들, 리모델링하는 중에도 그곳에서 계속 생활해야 하는 사람들의 자발적 동의가 있어야 합니다. 동의가 없으면 할 수 없습니다. 동의를 구하기 위해서 설득이 동원됩니다. 개혁의 동력은 설득과 동의에서 나옵니다. 국민에게 설득하고 동의를 구해서 개혁해나가는 겁니다.

혁명은 설득과 동의가 필요 없어요. 힘으로 밀어붙이고 폭력으로 밀어붙이고, 폭력적으로 새로운 질서를 주입하면 됩니다. 그게 좌파의 폭력 혁명론입니다. 새로운 질서를 세우기 위해서 낡은 질서를 무자비하게 해체하고 파괴하는 것, 이것을 창조적 파괴라고 하고, 이걸 하기 위해서는 폭력이 불가피하다는 폭력 혁명론을 공산당은 공식적인 테제로 갖고 있습니다. '기존 질서를 파괴하기 위한 폭력은 정당한 것'이다. 혁명은 폭력을 수단으로 한다. 그러므로 혁명의 길에는 수많은 피가 요구된다. 혁명을 하려면 폭력을 동원해야 합니다. 싹 갈아엎고, 완전히 뒤집어엎고, 완전히 파괴하고, 기존 질서를 완전히 축출하고, 새로운 질서를 만들어내기 위해서는 일사불란한 집행 체계가 필요하고, 이들을 지휘할 전략 지도부가 존재해야 합니다. 이것이 공산당입니다. 이게 전위 정당(*사회 변혁, 혁명을 위해 대중을 선도해야 하는 정당. 러시아의 레닌에 의해 제시된 개념)입니다. 혁명은 전위 정당 없이는 불가능합니다.

반면에 개혁은 설득과 동의를 통해서 이루어지는 것이기 때문에, 설득을 잘할 수 있는 권력, 국민의 동의를 잘 끌어낼 수 있는 정치 권력이 필요합니다. 그것은 국민과 함께 하고 국민의 정서와 생각을 잘 읽어낼 줄 아는 정치 권력입니다.

혁명 지도부는 기존 질서를 다 파괴하고 부정하고 폭력을 통해서 새 질서를 구축하기 때문에 기존 질서, 기득권 질서에 편입돼 있지 않은 사람일수록 유리합니다. 그래서 혁명기에는 새로운 정치 세력이 등장하는 겁니다. 이들이 전위 정당으로서 기존 질서를 쓸어버리고 새 질서를 구축하는 겁니다. 반면에 정치적 반대 세력까지 포함해서 전 국민을 설득하고 동의를 이끌어내고, 기존의 틀에서 조금씩 조금씩 개선해 가려면 정치적 반대자를 설득하고 끌어안을 수 있을 정도로 정치적으로 숙련된 노련한 정치 리더십이 필요합니다. 새로운 세력이 할 수 있는 일이 아닙니다.

개혁이야말로 기존 질서 속에서 먼저 깨우친, 선각 된 정치 세력이 이끌어갑니다. 기존 정치 질서를 잘 알고 기존 정치 질서와 대중의 정서까지 잘 아는 기존 정치 세력 내에서 먼저 깨어난 세력들이 개혁을 추진하는 겁니다. 이들은 늘 대중과 결합해 움직여야 하므로 전위적일 수가 없습니다. 대중보다 반 발짝 앞서가고, 때로는 대중보다 반 발짝 뒤따라가면서 대중과 함께 이 모든 문제를 풀어가는 세력입니다. 대중을 개혁의 주체로 세울 수 있는 세력입니다. 우리가 나갈 테니까 뒤따라오라고 하는 강압적인 방식은 혁명 세력에게는 자연스러운 것이나 개혁 세력에게는 절대 해서는 안 되는 잘못된 방식입니다.

혁명이냐 개혁이냐? 개혁이냐 혁명이냐?
완전히 뒤집어 엎는 것이냐? 기존 질서 속에서 고쳐나가는 것이냐?
재개발이냐? 리모델링이냐?
폭력을 수반하느냐? 설득과 동의로 문제를 풀어가느냐?
완전히 새로운 세력이 점령군처럼 들어와서 하는 것이냐? 기존 세력 중에서 먼저 깨우친 세력이 이끌어가는 것이냐?
이 네 가지 관점에서 혁명과 개혁을 비교했습니다.

이제 질문을 할 차례입니다.

1. 문재인 좌파 세력은 혁명 세력일까요? 개혁 세력일까요?
답이 나왔으리라 생각합니다.
2. '국민의 힘'은 혁명 세력일까요? 개혁 세력일까요?

답이 쉽지 않죠. 분명히 혁명 세력은 아닌 것 같은데 그렇다고 해서 이 국민의 힘이 기존 질서를 끊임없이 고쳐나가고, 업그레이드시키고, 리모델링시키고, 설득과 동의를 통해서 대중을 이

끌어가는 그런 개혁 세력인 것 같지도 않으니까, 대답이 쉽지 않습니다. 기존 질서의 문제점에 눈감고 리모델링이 아니라 지금의 구조를 그냥 고집하고 설득과 동의보다는 '하라면 해'라는 식으로 사당적(私黨的)으로 당을 운영하고, 깨어 있지도 않은 것 같다면 국민의 힘은 개혁 세력이 아닙니다.

그렇다면 어떤 세력일까요? 이런 것을 일컬어 낡은 질서에 안주하고 집착하는 수구 세력이라고 합니다. 국민의 힘이 개혁 세력으로 제대로 자리매김할지 수구 세력에 머물러서 역사의 흐름에서 점점 뒤떨어지게 될지 국민의 힘이 하기 나름이라고 생각합니다.

한 가지 명백한 것은 문재인 좌파 세력은 적어도 개혁 세력은 아니라는 겁니다.

자유 우파는 혁명과 개혁 둘 중 하나를 자유 우파의 정치적 판단의 기준점으로 삼아야 합니다. 또한 문재인 좌파 세력의 정체를 한시도 잊지 말아야 합니다. 더 나아가 국민의 힘은 과연 어떤 정치 세력인가에 대해 지속적으로 질문을 던져야 할 것입니다.

14
아크로폴리스에서 답을 찾다

 나와 또 한 사람이 있습니다. 나도 완전하고, 다른 한 사람도 완전합니다. 이 둘 사이에 말이 필요할까요?

 필요 없습니다. 두 사람 다 완전하니까 두 사람 다 완전한 생각을 할 테고, 그 완전한 생각은 똑같을 것입니다. 진리는 하나이기 때문입니다. 결론적으로 완전한 존재와 완전한 존재 간의 토론이란 불가능합니다.

 천국에는 토론이 없을 거라고 생각합니다. 거기에는 다 착한 사람들만 가고, 전지전능한 사람들만 사니 그 사람들끼리 생각이 다를 리가 없겠지요. 생각이 다르지 않으면 말도 필요가 없습니다. 서로 생각이 다를 때나, "그게 아니야. 그렇게 하면 안 돼." 하면서 말이 시작되는 것입니다.

완전한 사람들이 모여 살면 내가 밥을 먹고 싶을 땐 그 사람도 밥을 먹고 싶어 할 것이고, 내가 라면을 먹고 싶으면 그 사람도 당연히 라면을 먹고 싶어 할 겁니다. 김치찌개가 당길 땐 그 사람도 당기겠지요. 나와 똑같으니 말입니다.

"오늘 점심 뭐 먹을까?"
이런 말조차 필요 없습니다.

생각이 달라야 말이 필요합니다. 「1+1=2」 이에 관해 토론을 백날 한다고 해서 3이 되거나 4가 되지 않습니다. 이처럼 수학적 명제는 토론 대상이 안 됩니다. 「1+1=2」는 한국에서도 미국에서도 답이 똑같습니다. 남성과 여성에 따라서 답이 달라지지 않습니다. 10대든 50대든 답이 똑같습니다. 절대적으로 명증한 명제는 토론 대상이 안 됩니다. 마치 완벽한 사람과 완벽한 사람이 만났을 때 토론할 필요가 없어지는 것처럼 너무나 명확한 사실이기 때문에 토론할 필요가 없습니다.

이처럼 토론은 결론이 열려 있는 사안에 대해서, 많은 사람이 서로 다른 생각을 하고 있을 때, 시작되는 겁니다. 토론은 열려 있는 사회에서만 가능합니다. 닫혀 있거나 결론이 정해져 있는 사회에서의 토론은 불가능합니다. 이런 사회에서는 투표도 아무 의미가 없습니다.

열려 있는 사회와 닫혀 있는 사회에 대해 살펴보기로 합시다. 북한, 중국, 구소련은 닫혀 있는 사회입니다. 이들 국가에서는 토론할 수 없습니다. 투표도 아무 의미가 없습니다. 결론은 다 내려져 있기 때문입니다. 민주주의 사회에서만 토론과 투표가 의미 있습니다. "절대적으로 이것이어야만 돼."라고 생각하는 사람은 토론할 수 없습니다. 투표도 할 수 없습니다. 그 사람에게 있어서는 토론이나 투표보다도 자신이 절대적으로 확신하는 것을 관철하는 것이 우선이기 때문입니다. 토론에서 이길 수 있다면 토론이라는 방법을 택하겠지만, 토론에서 이길 자신이 없을 때는 토론이 아닌 다른 방법을 택합니다. 음모나, 파업이나 군사 행동을 택할 것입니다.

소풍을 가기로 했습니다. 그런데 소풍 장소에 대한 의견이 다릅니다. 덕수궁에 가자는 의견이 나왔고 조금 멀지만, 서오릉에 가자는 의견이 나왔습니다. 덕수궁에 안 가면 죽을 일이 생기는 것도 아니고 서오릉에 안 가면 무슨 뭐 큰일이 날 것도 아니지요. 그냥 서오릉에 가도 하루 즐겁게 지내는 것이고 덕수궁에 가도 하루 즐겁게 지낼 수 있습니다. 소풍을 어디로 가든 크게 상관이 없습니다.

이때 선생님이 "소풍은 덕수궁으로 간다. 서오릉은 작년에 갔잖아?"라고 말할 수도 있겠지만, "어디가 좋을지 의견을 말해봐."라고 한다면 결국 투표를 하게 되겠지요. 20명 가운데 서오릉에 가자는 사람이 15명, 덕수궁이 5명이라면 서오릉으로 가겠지요. 이것이 다수결입니다.

그런데 일주일 후 상황이 바뀝니다. 덕수궁에서 고흐 전시회가 열린다는 겁니다. 그러니까 사람들의 마음이 덕수궁으로 쏠리기 시작합니다. 그래서 다시 투표합니다. 그랬더니 이번엔 덕수궁이 19명, 서오릉이 한 명 나옵니다. 그렇다면 소풍 장소는 다시 덕수궁이 됩니다. 소풍 장소가 서오릉에서 덕수궁으로 바뀐다고 하늘이 무너지는 것도 아니지요.

정권 교체는 어떨까요?

"국민이 한동안 보수를 택하더니 조금 질렸나 보네. 맨날 밥만 먹다 보니까 가끔 라면 먹고 싶을 때도 있잖아. 그럼 좌파들도 5년간만 해보라고 해. 5년 후에 우리가 다시 정권 가져오면 되니까."

이런 식의 게임이 됩니다. 목숨을 걸 일이 아니게 된다는 말이지요. 이럴 때는 정권 교체가 순조롭게 이루어집니다. 그런데 여기에 목숨 건 사람들이 생겨버리면 더는 게임이 아니게 됩니다.

제도화된 교체가 안 되는 거지요. 여기에 모든 걸 걸고 한번 잡으면 상대를 죽이려고 하니까 게임이 아니라 전쟁으로 가는 거지요.

전쟁은 적대적인 것밖에 없으니까. 이래도 그만, 저래도 그만이 아닌 거죠. 무조건 덕수궁에 가야 하는 겁니다. 수단과 방법을 가리지 않고 덕수궁이어야 되는 거죠. 지금 좌파들이 이런 식으로 선거를 몰아가고 있습니다. 이렇게 안 하면 영영 정권을 못 잡을 것 같으니까요. 이렇게 무조건 이것이 옳은 것이라고 결론을 정해놓고, 그걸 관철하기 위해서 자기들이 유리하면 선거, 자기들이 불리하면 혁명, 자기들이 유리하면 토론, 자기들이 불리하면 선동, 이렇게 목표를 달성하기 위해서 수단 방법을 가리지 않는 좌파들하고는 토론할 수가 없는 겁니다. 당연히 투표도 할 수가 없습니다.

지금 문재인 좌파 세력의 핵심은 어떤 토론도, 어떤 선거도 사실상 부정하고 있는 공산당 같은 좌파 확신범들이 주도하고 있다고 생각합니다. 그들에게 유일하게 의미 있는 것은 좌파의 승리입니다. 그 과정에서 절차를 잘 지켰느냐? 민주적 절차가 제대로 이루어졌느냐? 선거가 공정하게 이루어졌느냐 등은 관심 밖의 일입니다.

투표와 언론 모두 공정하고 균형 있게 작동하고 있는지, 민주주의의 원리들이 잘 작동하고 있는지는 아무 관심이 없습니다. 이런 좌파들은 토론의 대상도 아니고 투표의 대상도 아닙니다.

자유 우파는 다릅니다. 덕수궁으로 갈 수도 있지만, 서오릉으로도 갈 수 있다고 생각합니다. 즉 언제든지 생각이 바뀔 수 있다는 것을 인정합니다. 그래서 모든 가능성을 다 열어놓고 다수의 의견을 따라서 최선을 다합니다. 이것이 자유 우파입니다. 자유 우파에게 중요한 것은 나와 생각이 다른 사람을 내 생각대로 움직이게 만들기 위한 설득력입니다. 우파는 결론을 이미 내린 후 힘으로 누르기보다는 생각이 다른 사람을 설득해서 따라오게 하려고 합니다. 그래서 토론이 중요합니다. 좌파는 필요할 때에만 토론을 사용하지만 자유 우파에게 있어 토론은 정치의 가장 중요한 수단이고, 민주주의의 핵심입니다.

고대 그리스 아테네의 아크로폴리스 직접 민주주의 시대에는 16살이 된 남성부터 성년으로 인정했습니다. 그 당시 아테네에는 16세 이상의 남성 시민들이 약 6,000명 정도 살았습니다. 이들이 시민으로서 활동하게끔 교육한 곳이 아카데미입니다. 아카데미에서 이들에게 제일 먼저 가르치는 것이 바로 사람을 설득하는 방법입니다. 왜냐하면 아테네는 폭력이나, 협박으로, 강압적으로 사람을 끌고 가는 사회가 아니었기 때문입니다. 나이가 많든, 경력이 많든, 젊은 청년이든, 올바른 노선을 논리로써 설득해서 다수의 지지를 얻으면 그 방향으로 움직이는 사회였습니다.

사람을 설득하는 것이 제일 중요했고, 가장 중요한 정치적인 무기였습니다. 그래서 사람을 설득하는 방법을 최우선적으로 가르친 것입니다, 이것이 바로 레토릭rhetoric, 즉 수사학이었지요. 소크라테스, 플라톤은 그 수사학 강의를 맡은 교수였습니다. 사람을 설득하는 방법을 가르치는 학과의 교수였던 거죠. 소크라테스가 제자들에게 이렇게 가르칩니다.

「누군가를 설득하려고 할 때 제일 효과적인 방법은 그 사람이 얼마나 무식한지를 스스로 깨닫게 하는 것이다. 방법은 간단해. 네가 질문을 계속하면 돼. 이를테면, 박학다식한 어떤 지식인한테 다섯 번만 질문하면 그 사람이 '잘 모르겠습니다'라고 답변하게 돼 있어, 한번 시작해볼까? 모르는 것이 없는 박학다식한 사람에게 물어봐, 첫째, 이 세상은 뭐로 만들어졌습니까? 첫 번째 질문에 답을 물이다. 돌이라고 하면, 그 돌은 뭐로 만들어졌는지 한번 더 물어봐, 그때부터 이 사람 어버버 거리고, 그나마 어찌 어찌해서 원소가 나오고 세포가 나왔다고 치자, 그러면 그 원소는 뭐로 만들어졌습니까?라고 세 번째로 물어봐. 어떤 사람이든 그 이상은 답변을 못 해.」

이것이 소크라테스의 대화법이고 변증론입니다. 토론에서 이기는 법은 곧 설득하는 법입니다. 토론은 왜 하는가? 설득하기 위해서 합니다. 나하고 생각이 다른 사람을 설득하면 뭐가 나옵니까? 그 사람의 행동이 나오죠. 어떤 행동이 나올까요? 내가 그를 움직이게끔 하고 싶어 하는 행동이 나오는 겁니다.

민주당 찍겠다는 지인이 있었습니다. 내가 그래도 통합당 찍어야 하잖아. 좌파 찍을 수는 없다고 설득을 했습니다. 아주 설득력 있게 설득을 했어요. 그 지인이 처음에는 좌파 찍으려고 했다가 생각을 바꿔서 통합당 찍는 행동을 했어요.

이러면 제가 이기는 거지요. 토론이란 뭘까요? 생각이 다른 사람을 설득하는 것, 생각이 다른 사람을 설득해서 내가 원하는 행동을 하게 하는 겁니다. 그러면 내가 이기는 겁니다. 그러면 나한테 권력이 오는 겁니다. 토론은 권력이고, 말은 권력입니다. 정치학 교과서에서 권력을 뭐라고 정의하는가?「나와 생각이 다른 사람을 내 생각대로 움직이게 하는 힘이 권력이다.」그런 힘을 여러분이 갖고 있으면 여러분이 권력자예요.

여러분은 크든 작든 권력을 가진 분들입니다. "나한테 무슨 권력이 있어?"라고 하겠지만 그렇지 않아요. 여러분이 집에 가면 자식들 있죠. 손자 손녀도 있을 겁니다. 그 애들에게 권력을 행사하는 거예요. 일어나서 밥 먹어야지. 아이는 조금 더 자고 싶지만, 아버지가, 할아버지가, 어머니가 지금 일어나서 밥 먹어야지 하는 바람에 진짜 일어나기 싫은데 일어나서 식탁에 앉아서 밥을 먹잖습니까?

이것이 권력입니다. 두 사람 이상이 있는 곳엔 권력 관계가 형성됩니다. 집에서는 부모와 자식간, 형제간, 부부간에, 학교에서는 선생님과 학생, 친구와 친구 사이에. 두 명 이상이 있으면 권력 관계가 작동이 됩니다. 권력 관계는 나하고 생각이 다른 자를 내 생각대로 움직이게 하는 힘입니다. 아버지가 자신과 생각이 다른 자식을 내 생각대로 움직이게 영향력을 행사하거나 힘을 쓰면 그게 권력인 거예요. 요즘 자녀들의 생각이 나와 다르고 말을 잘 안 듣는다면, 그것은 권력에 누수가 생긴 겁니다. 일종의 레임덕입니다.

권력은 나와 생각이 다른 사람을 내 생각대로 움직이게 하는 힘인데, 두 가지 형태가 있습니다. 하나는 힘(power)이고, 하나는 영향력(influence)이에요. 일반적으로 영향력(influence)을 권력이 아닌 것처럼 인식합니다. 힘만 권력이라고 생각합니다. 그러나 그렇지 않습니다. 권력에 해당하는 대표적인 게 뭐가 있을까요? 군대, 경찰, 공무원, 감옥, 이런 물리적인 힘만 권력으로 생각합니다. 영향력은 사회적 존경, 언론의 힘, 이런 것들입니다. 이것도 권력입니다.

"네 수입에서 10%를 가져와, 안 그러면 감옥에 보내거나 죽여 버릴 거야."

이것이 힘을 쓰는 방법입니다.

"너희 성문 열어, 그리고 네가 가진 재산 50%를 우리한테 내놔. 안 그러면 너희를 싹 다 죽일 거야."

이것은 전쟁하는 방법이죠. 힘을 이용해서 압박하고 나의 지시대로 움직이게 만드는 겁니다. 그 힘에 겁먹어서 항복하면 시키는 대로 할 수밖에 없잖아요. 전쟁이든 경찰이든 감옥이든, 본질에서 물리적 힘을 이용해서 내 생각대로 움직이게 만드는 것이에요. 이게 권력이라는 거예요.

존경하는 어떤 선생님이 학생에게 "컨닝은 하지 말고 네 실력대로 해."라고 말합니다. 그 학생은 사실 컨닝하고 싶지만 존경하는 선생님의 말씀 때문에 이를 악물고 참았습니다. 그래서 컨닝했으면 백점 맞을 것을 컨닝 안 하고 80점 맞았지요. 그런데도 기분은 좋습니다. 이것이 바로 영향력입니다. 즉 영향력이 작동되어서 그 사람의 행동을 바꾼 것입니다. 선생님의 말씀을 안 들었다고 해서 감옥에 보내거나 죽이지는 않잖습니까? 단지 그 학생은 선생님의 영향력에 감화된 것입니다.

또 다른 예를 들어보기로 하지요. 성추행범을 왜 세금으로 장례식을 하느냐 취소해달라는 청원이 30만 명을 넘었습니다. 이런 사실이 언론을 통해서 알려졌습니다. 듣는 이들은 황당하겠지요. 내가 낸 세금이 왜 성추행범을 위해 쓰이냐고 생각하고는 너도, 나도 청원에 참여해서, 청와대 청원이 60만 명, 70만 명이 될지도 모릅니다. 이런 것은 군대나 경찰이나 공무원을 동원하는 게 아니잖습니까? 언론, SNS 네트워킹을 통해서 한두 사람이 자기 의견을 표현했을 뿐이지만, 그것이 모이고 모여서 여론이라는 게 형성된 겁니다. 공론화가 된 것이지요. 이로 인해 무언가 변화가 있다면 그것이 바로 영향력입니다.

파워와 영향력 두 가지가 다 권력입니다. 우리는 윗 부분(권력)을 국가라고 부르고, 아랫 부분(영향력)을 시민 사회라고 부릅니다. '고성국 TV'는 시민 사회의 영역에서 영향력을 행사하면서 시민 사회에서 활동하고 있습니다. 반면 좌파들은 국가 영역을 장악하고 힘으로 밀어붙이고 있어요. 좌파 독재 정권이 내리누르는 힘과 자유 우파가 시민 사회 영역에서 저항하는 힘이 맞부딪치고 있어요. 맞부딪치고 있는 곳이 바로 광화문이죠. 정당은 어디쯤 위치하느냐? 국가와 시민 사회의 경계선 지점에 있습니다.

정당은 국가로부터 월급을 받는 데가 아니에요. 자발적인 결사체입니다. 그런데 주로 어디에 기반할까요? 바로 시민 사회 영역의 힘에 기반해서 정당 활동을 하는 겁니다. 정당은 공적 영역과 사적 영역의 경계 지점에서 공적 성격과 사적 성격을 같이 가지고 있습니다. 기본적으로는 공적인 성격이 주된 것이죠. 그래서 공당이라는 말을 쓰는 거예요. 문제는 정당이 시민 사회의 분출하는 영향력과 발언들을 제대로 수렴하지 못하면 정당으로서의 존재감이 없어진다는 것입니다. 그렇게 되면, 국가와 시민 사회가 정면으로 충돌하게 됩니다. 이게 거리의 투쟁이고, 거리 정치가 재현되는 겁니다. 자유 우파가 작년 1년 동안 경험했던 바로 그것입니다. 정당은 없고 문재인 좌파 세력의 국가 권력과 그 좌파 권력의 폭정에 맞서는 자유 우파의 시민 사회의 힘이 그대로 길거리에서 충돌했던 것입니다. 그것이 바로 광화문 국민 혁명이었습니다.

역사적으로 보면 국가 권력이 강한 나라는 독재 국가였습니다. 시민 사회의 힘이 강한 나라는 민주 국가였습니다. 어느 쪽이 이겼을까요? 100%, 시민 사회의 힘이 강한 민주 국가가 이겼습니다. 일시적으로는 독재 국가가 수십 년 폭정을 휘두르고 수십만 시민들을 죽이기도 하고 감옥에 보내기도 하면서 이기는 것처럼 보이지만, 히틀러가 600만 명이나 죽이면서 세계를 완전히 지배할 것처럼 보이지만 불과 6-7년도 못 가서 무너집니다. 결국은 민주 국가가 이기는 것이지요.

결국, 힘보다는 영향력이 이기는 겁니다. 이러한 신념을 갖고 시민 사회에서 영향력을 행사하는 것이 자유 민주주의자입니다. 이 영향력(influence)을 얻는 제일 중요한 방법이 토론입니다. 나하고 생각이 다른 사람들을 설득하는 거예요. 한 명, 두 명, 마침내 십만의 아미고가 만들어지는 것이 자유 우파의 영향력을 극대화해서 좌파 독재와 맞서 싸우는 가장 효과적인 길입니다. 국가와 시민 사회의 중간에 끼어 있는 국민의 힘이라는 당은 지금은 존재감이 거의 없지만 이 정당을 영향력을 통해서 개조해 좌파와의 투쟁에 맞설 교두보로 개조하면 되는 겁니다. 안 되면 새로 만들면 되고요.

토론은 민주주의의 핵심입니다. 토론이 없으면 민주주의도 없습니다. 토론이 없으면 자유주의도 없습니다. 토론이 없으면 자유 우파가 존재하지 않습니다. 좌파에겐 토론이 없습니다. 결론이 정해져 있기 때문입니다. 어떻게 폼을 잡든 좌파에겐 토론이 없습니다. 정해진 결론에 따라서 움직이는 기계적인 팔다리들만 있습니다. 김일성, 김정일, 김정은이라는 수령은 전지전능한 존재이기 때문에 토론할 수 있는 존재가 아닙니다. 좌파들은 전지전능한 무오류의 수령이 지시하는 대로 움직이는 팔다리에 불과한 것들이에요. 자유 우파만이 모든 가능성을 열어놓고 한 사람 한 사람이 주체로서 의견을 개진하고 나하고 생각이 다른 사람들을 내 생각에 따르도록 만들고, 영향력(influence)을 확장시켜서 그 힘을 가지고 강력한 폭정과 맞설 수 있는 겁니다.

그래서 토론을 해야 합니다. 토론의 기본 전제는 개방성입니다. 내가 참여한 토론에서 어떤 결론이 나든 그 결론을 받아들이겠다는 개방성이 전제되지 않으면 토론이 아닙니다. 결론을 정해 놓고 뛰는 좌파와 똑같지요. 상대방의 의견을 존중해야 합니다. 그래야 토론할 수 있습니다. 내 생각도 틀릴 수 있다는 그 절대적 겸손에서 토론이 시작되는 것입니다. 나는 무조건 옳다고 생각하는 사람은 토론하지 마십시오. 여러분 스스로 자유 우파라고 생각하면서 내 생각이 절대적으로 옳다라고 주장한다면 그것은 자가당착입니다. 그런 사람을 자유 우파라고 하면 안 됩니다.

앞으로 고성국TV 댓글 창과 밴드를 진정한 자유 우파의 토론장으로 발전시켜 나가려고 합니다. 이것이 진정한 토론의 장이 되려면 진짜 토론가들이 여기서 활동을 해주셔야 합니다. 저 혼자서는 안 됩니다. 다른 사람의 생각이 자기 생각과 다를 수 있다는 것을 인정하고 어떤 결론이 나든지 다 수용할 수 있다는 것을 전제로 열심히 자기 주장을 펼칩시다. 무엇보다 다른 사람들의 주장을 경청합시다. 이러한 전제 위에 어떻게든 내 주장이 다수의 지지를 받을 수 있도록 증거도 더 확보하고 논거도 더 강화해서 한번 열심히 해볼 생각을 하는 진짜 토론가들이 활동할 때, 비로소 '아미고 밴드'가 토론의 장이 될 수 있습니다.

15
줄타기 묘기, 외교

최근 남북관계와 볼턴의 회고록이 일으킨 파장 등을 보면서 외교 문제를 다루어야겠다는 생각을 했습니다. 국제 관계와 외교에 대해서 기본적인 이해가 있어야만 글로벌 시대의 정치를 이해하기 쉽기 때문입니다.

국제 관계는 매우 방대합니다. 그래서 여기서는 핵심적인 두 가지 사항에 대해서만 말씀드리겠습니다. 하나는 외교에 있어서 현실주의와 이상주의에 관한 것이고, 또 하나는 지정학적 문제에 관한 것입니다.

흔히 외교관을 일컬어 "거짓말을 능숙하게 잘하는 정직한 사람"이라고 합니다. 자조적인 느낌을 주는 말이지만 실제로 외교관들 사이에서도 농담처럼 주고받는 말이기도 합니다. 거짓말을 잘하는 정직한 사람? 이 모순적인 표현 속에 외교의 본질이 담겨 있습니다.

외교 현장은 국가 이익이 무한대로 추구되는 곳입니다. 여기에는 법도 없고 한계가 없습니다. 한계가 정해져 있지 않은 무한 경쟁의 장이 외교의 장입니다. 국가 이익을 최대한 취하기 위해 거의 모든 수단이 허용됩니다. 거짓말도 당연히 허용됩니다. 외교에서는 속는 놈이 바보입니다.

거짓말을 너무도 세련되고 능숙하게 잘해서 상대를 잘 속여먹는 정직한 사람, 이때 정직한 사람은 국가의 입장에서 정직한 사람이죠. 즉 나라를 위해 국민을 위해 정직한 사람입니다. 상대방에 대해서는 놀랄 정도로 이중·삼중적이고, 능숙하게 거짓말을 해야 하는 사람, 거짓말을 직업적으로 하는 사람이 외교관의 전형입니다. 이것이 외교의 양면성입니다. 그만큼 외교 현장이 험악하고 거칠다는 뜻입니다

외교와 국제 관계를 이해하기 위해서는 두 가지 큰 흐름을 이해해야 합니다. 현실주의적인 흐름과 이상주의적인 흐름입니다. 이상주의적인 흐름은 인간의 이성을 믿는 것입니다. 인간의 이성을 믿고, 인간이 합리적으로 행동할 수 있다고 믿습니다. 국가도

그런 전제하에 신뢰합니다. 누구나 어느 국가나 동의할 수 있는 이상적인 사회 질서, 이상적인 국제 질서를 구현하면 전쟁할 필요도 없다는 것입니다. 전쟁은 국가 이익을 비합리적, 비이성적으로 추구하는 과정에서 발발한다는 것입니다.

전쟁은 이기는 쪽이나 지는 쪽이나 모두 피해를 보고, 모두 실패하는 것입니다. 이성적이고 합리적이기만 한다면 모두에게 해가 되는 전쟁을 하지 않고 각국 간 갈등을 타협, 조율할 수 있다는 것입니다. 이러한 믿음과 합의를 기반으로 세계 질서를 재구축하고 조율해야 한다는 것입니다. 간단히 말하면 세계 정부를 만들면 전쟁의 공포로부터 해방될 수 있다는 생각입니다. 이것을 처음 주창한 인물은 임마누엘 칸트입니다.

철학자 임마누엘 칸트는 세계정부론을 처음으로 발표했습니다. 지금도 마찬가지겠지만 그 당시 반응은 '그게 되겠냐'는 부정적인 시각이 지배적이었습니다. 칸트다운 주장이라면서 말입니다. 그런데 이제는 그 주장을 무시할 수 없게 되었습니다. 1차 세계 대전 후의 국제 연맹과 2차 세계 대전 후의 국제 연합, 즉 UN을 통해 칸트의 세계정부론이 어느 정도 구현되었으니까요.

한 철학자의 철학적 사유의 결과로 제기된 세계정부론이 처음엔 수많은 비웃음과 조롱의 대상이었지만 두 차례의 세계 대전을 거치면서 인류의 존폐 위기를 경험하고 난 후엔 결국 현실 속에서 구현된 것입니다. 인류는 인류 멸절의 위기인 양차 세계 대전을 겪은 후 인간의 합리성과 이성에 기반한 일종의 세계 정부 구축을 진지하게 고려하게 되었습니다. 그 결과 국제 연맹과 국제 연합이 만들어졌습니다. 이것이 바로 철학의 힘입니다. 한 철학자의 몽상 같은 주장이 결국 국제 연합이라는 세계 정부로 현실화한 것이죠. 물론 불완전하지만, 중요한 것은 최근 들어서 세계 정부와 국제 기구들의 중요성이 더해지고 있다는 사실입니다.

이상론자들은 세계적인 이슈를 무한 이익을 추구하는 각국 정부한테 맡겨둬서는 안 된다고 주장합니다. 지구온난화 문제는 인류 공통의 과제입니다. 그런데 이 문제를 각국 정부가 모여 해결하려고 하니까 저마다 자기네 이익만 추구하려 합니다. 미국은 파리 협정에 서명도 안 하려 하고, 트럼프는 그걸 파기하지 않았습니까? 결국, 글로벌 이슈를 해결하기 위한 국제 기구들을 따로 만들어야 한다는 주장이 국제 정치 영역에서 새로운 이슈로 부상된 것입니다.

유네스코라는 국제 기구가 있습니다. 우리나라도 유네스코에 서원, 사찰, 한글 등을 문화유산으로 등재했지요. 일단 유네스코 문화 유산으로 등재 되면 대한민국의 문화유산에 대해 전 세계 사람들이 알게 됩니다. 한번 가봐야겠다는 생각들을 하게 되지요. 유네스코가 세계 지질 공원으로 선정한 제주도의 경우 관광이 활성화되어 주민들의 소득도 증대됩니다. 그러다 보니 서로 자기네 문화 유산, 자연 풍광을 선정하기 위해 과열 경쟁이 벌어지기도 하죠. 이처럼 다양한 국제 기구들의 활동을 통해 세계 국가는 마찰을 일으키면서도 경쟁 속의 협력 관계를 유지함으로써 새로운 국제 질서를 정립해나가고 있습니다.

위에서 살펴본 바와 같이 이상주의적인 국제 관계라는 흐름을 무시할 수는 없습니다. 이상주의적인 국제 관계론은 앞으로 점점 영향력을 더 크게 키워갈 것입니다. 그러나 그 유용성은 인정하면서도 과연 이상주의적 접근법이 전쟁과 평화라는 국제 정치의 핵심 이슈를 해결할 수 있을까? 하는 의구심은 여전히 제기되고 있는 상태입니다. 나는 이상주의적인 외교적 접근법은 부차적인 접근법으로 중요성을 간과하지 않고 제한적으로 활용해야 한다고 생각합니다.

국제 관계의 주된 이론은 역시 현실주의 이론입니다. 국가를 국가 이익을 무한대로 추구하는 국제 정치의 기본 단위로 보는 이론이지요. 여기에는 그 어떤 도덕도, 제한도 없습니다. 오로지 국가의 이익만을 무한대로 추구합니다. 외교의 장은 곧 국가 간의 무한 투쟁이 벌어지는 치열한 각축장이 됩니다.

모든 국가가 자국의 이익을 추구하다 보면 갈등이 생기지 않을 수 없습니다. 이 갈등을 해결하는 가장 직접적인 방법은 전쟁입니다. 전쟁은 힘센 자가 이기기 마련이지요. 그러니 힘센 자, 승자가 이익을 독점하면 된다는 원리입니다. 이 경우 문제는 마지막 승자 한 나라를 빼놓고 나머지 국가는 모두 패자가 된다는 것입니다.

무한 경쟁을 어떻게 봐야 할까요? '레슬마니아'라고 하는 프로레슬링 프로그램이 있어요. 거기서는 누구든 링 바깥으로 떨어지면 탈락입니다. 여기엔 아주 간단한 단 하나의 규칙만 존재합니다. 일단 경기가 시작돼 1분 내로 승패가 가려지든 말든, 연이어 다른 선수가 투입됩니다. 중도 탈락 선수까지 포함하여 50여 명의 선수가 링에서 싸워 살아남은 최후의 일인자가 챔피언이 되는 그런 게임입니다. 어떤 때에는 링 위에 20-30명이 동시에 올라가 싸워 한 명씩 제거되고 단 한 명만 남게 되지요. 그야말로 만인에 대한 만인의 투쟁이 벌어지는 곳입니다. 국제 정치에서는 만국에 대한 만국의 투쟁이 되겠지요. 마지막까지 버틴 국가가 천하를 통일하는 거지요. 이러한 나라를 우리는 제국이라고 부릅니다. 역사상 이 같은 제국이 출현했던 때가 몇 번 있습니다.

최초로 등장한 제국은 로마입니다. '팍스 로마나 Pax Romana' 또는 '로마의 평화'로 불리던 시대가 약 천년간 지속하였습니다.

그 후에는 '영국에 의한 평화'를 의미하는 '팍스 브리태니커 Pax Britannica'가 등장합니다. 1815 – 1914년에 해당하는 시기입니다. 이 시기는 과연 평화의 시대였을까요? 상대적으로 유럽이 평화롭기는 했지만, 관점에 따라 해석이 달라집니다. 마지막 제국은 '팍스 아메리카나 Pax American'입니다. "아메리카에 의한 평화"란 뜻이지요.

서양에 로마가 있다면 동양엔 당 제국 시대(618년–907년)가 있었습니다. 당나라의 수도 장안은 로마에 버금가는 도시였습니다. 이때 동양과 서양을 잇는 교역로인 실크로드가 생겨났습니다. 그래서 "서양은 로마로, 동양은 장안으로 통한다."라는 말이 생겨났지요.

이러한 동서양의 역사를 통해 수많은 정치 학자, 국제 정치학자들은 무엇이 인류를 평화롭게 하는지를 찾으려 했습니다. 결국, 그들이 알아낸 사실은 외교의 역사는 곧 전쟁의 역사라는 것입니다. 외교를 연구한다는 것은 전쟁을 연구한다는 것입니다. 여기서 우리가 잊어서는 안 될 것은 전쟁을 연구하는 이유가 전쟁하지 않을 방법을 찾아내기 위한 것이라는 사실입니다.

팍스 로마나, 팍스 브리태니카 시대엔 상대적으로 전쟁이 없었습니다. 강력한 제국이 버티고 있었기 때문입니다. 또한, 20세기

후반부에 시작된 팍스 아메리카나의 등장 이후, 상대적으로 전쟁이 줄었다고 할 수도 있습니다.

중국의 경우에도 당 제국이 든든하게 자리를 잡고 있을 때는 전쟁이 거의 없었습니다. 당 제국 200-250년간 중국 사람들은 오랜만에 달콤한 평화를 맛보았을 겁니다. 문제는 팍스 로마나, 팍스 브리태니카, 팍스 아메리카나와 같은 초강대국의 지배에 의한 평화라고 하는 것이 영원하지는 않다는 겁니다. 로마 제국도 천년 만에 망했고, 브리태니카는 150년도 안 됐고, 전문가에 따라 다르지만, 아메리카나는 이제 막 시작된 셈인데 중국의 도전을 받고 있잖습니까? 그래서 제국에 의한 평화라고 하는 것은 허구라는 주장이 제기되는 겁니다.

평화라는 것은 제국을 건설한 자들의 일방적인 자기 정당화에 불과하다고 주장한 사람이 있습니다. 바로 한스 모겐소(Hans Joachim Morgenthau)라는 유대인 학자입니다. 유럽에서 활동하다가 히틀러가 정권 잡자 미국으로 가 시카고 대학에서 국제 정치학의 현대 이론을 정립한 사람입니다. 한스 모겐소의 주장에 따르면, 팍스 시대에는 하나의 큰 제국에 의해 강압적 평화가 있었던 것처럼 보일 뿐이지, 전쟁은 여전히 있었다고 합니다.

팍스 로마나 시대에도 갈리아 전쟁과(*갈리아 Gallia 또는 골

Gaul은 현재의 프랑스, 벨기에, 스위스 서부, 라인강 서쪽의 독일을 포함하는 지방) 같은 전쟁이 꾸준히 있었습니다. 브리태니커 시대에도 아프리카로부터의 도전이 계속되었고, 스페인과의 전쟁, 네덜란드와의 전쟁이 있었죠. 식민지였던 미국과의 전쟁도 있었습니다. 팍스 아메리카나 시대에도 한국 전쟁, 베트남 전쟁은 말할 것도 없고, 911 사태 같은 테러와 전쟁이 있었습니다. 시대를 불문하고 팍스 시대에도 전쟁은 계속되고 있었던 것입니다.

팍스 시대에는 초강대국의 힘 때문에 마치 전쟁이 없는 것처럼 보일 뿐, 경험적 자료에 의하면 전쟁이 더 많이 있었습니다. 오히려 엇비슷한 대여섯 개 나라가 각축하고 있을 때 전쟁이 없었다는 겁니다. 물론 이 대여섯 개 국가의 힘이 다 똑같지는 않습니다. 미국, 중국, 일본, 러시아, 남한, 북한 등의 힘이 서로 다 다르잖습니까? 미국은 초강대국이고, 중국이 미국에 맞서지만 아직은 그에 못 미칩니다. 일본이 경제적으로는 중국보다 낫지만, 군사력이나 인구면에서는 떨어지고, 러시아는 한국, 북한보다는 좀 더 센 것 같고, 뭐 이런 식으로 차이가 있습니다.

동북아시아만 그런 게 아니라 유럽도 똑같습니다. 유럽에서는 영국, 독일, 프랑스가 전통적으로 강국이었습니다. 그보다 세지는 않지만, 스페인, 네덜란드도 있고, 스웨덴도 있고 그보다 훨씬 작지만 강한 스위스도 있어요. 이런 나라들이 서로 엮이니까 어느 나라도 일방적으로 패권을 행사하거나 함부로 하지 못하게 되더라는 겁니다. 오히려 힘센 나라 하나가 버티고 있을 때 전쟁이 더 자주 벌어지더라는 것입니다. 경험적인 연구 결과 밝혀진 사실이지요. 한스 모겐소의 결론은 평화란 힘의 균형(BOP: balance of power)에 의해서 만들어지더라는 것입니다. 힘의 균형 상태에 의해서 평화가 만들어지는 것이지 한 제국에 의해서 만들어지는 것이 아니라는 말입니다.

평화는 크든 작든 여러 나라가 각축을 벌이는 상황에서, 각 나라가 자국의 국가 이익을 최대한 관철시키기 위해 수많은 전략과 작전과 갈등을 겪은 후 얻어지는 잠정적인 결과물입니다. 일시적이긴 하지만 BOP(힘의 균형 상태)가 만들어지기 때문입니다. 이 힘의 균형 상태는 불안하게 움직이긴 하나 균형이 깨지지 않는 한 전쟁은 없다는 겁니다. 이것은 국제 정치에서 보편적으로 나타나는 현상입니다. 한스 모겐소의 BOP는 현실 국제 정치를 가장 잘 설명해주는 모델입니다. 이 모델을 받아들이면 미국은 미국대로, 미국보다 못한 중국은 중국대로, 미국이나 중국보다 못하지만, 한국은 한국대로의 전략과 위치가 주어집니다.

이러한 인식 위에서 우리는 비로소 어떻게 하는 것이 전쟁의 위험을 최소화하고 평화와 번영으로 갈 수 있는지에 대한 해답을 구할 수 있습니다. 팍스 시대에는 강대국이 다 알아서 하므로 나머지 국가들은 따라가면 됩니다. 이러한 방식이 미국, 영국이나 로마 같은 제국에게는 유용할지 모르지만, 나머지 국가들에겐 무의미합니다. 그냥 수동적인 존재가 되라고 강요받는 것이지요. 이러한 정치 모델로 국제 정치와 한반도 상황을 설명하면 안 되는 이유입니다.

한스 모겐소의 탁월한 점은 1940년대에 국제 정치학을 전통적인 강대국 중심의 외교론에서 약소국까지 포함된 다층적·다원적으로 움직이는 국제 정치의 입체적 구조를 분석하는 역동적 학문으로 발전시킨 것입니다. 한스 모겐소의 BOP 이론이야말로 한반도에서 전쟁을 방지하고 평화를 안정적으로 정착시키기 위한 핵심 프레임인 것입니다.

16
태평양 시대를 논하다

　1938년 9월 30일, 영국 총리 체임벌린은 뮌헨에서 히틀러와 만났습니다. 이름하여 '뮌헨 회담'이지요. 히틀러는 체코슬로바키아의 수데텐을 넘겨달라고 요구했고, 그 대가로 평화를 약속했습니다. 수데텐 주민들이 독일어를 사용한다는 것이 이유였습니다. 독일어를 사용하는 주민이 사는 곳을 독일이 갖겠다는데 굳이 반대할 이유가 있었겠습니까? 결국, 체임벌린과 히틀러는 수데텐 합병 서류에 서명했습니다.

　체임벌린 총리가 뮌헨에서 돌아오자 영국 국민들은 대대적으로 환영합니다. 체임벌린은 영웅이고, 합병 서류는 평화를 보증하는 일종의 전리품과 같았으니까요. 그들을 향해 체임벌린은 자신만만하게 외쳤습니다.

"I believe it is peace for our time!"

우리 시대의 평화를 믿어 의심치 않는다는 말이지요. 더 이상의 전쟁은 없다고 확신했으니까요. 영국 국민들은 평화에 환호하고 체임벌린을 위한 모금 운동까지 벌였습니다.

체임벌린은 '평화'라는 이름의 마약으로 영국 국민을 일시적으로 중독시켜버렸습니다. 그러나 체임벌린이 히틀러에게서 받았던 이 종이 쪽지의 효력은 1년 정도밖에 되지 않았습니다. 히틀러는 그 1년 사이에 전쟁 준비를 한 후, 다음 해인 1939년 9월 30일, 폴란드를 침공했습니다. 이것이 제2차 세계 대전의 시작입니다. 그렇다면 왜 영국은 1년 전 체코슬로바키아의 땅을 히틀러에게 넘겼을까요?

히틀러는 어떻게든 전쟁은 피하고자 유화 정책을 펴온 체임벌린의 심리를 간파하고 이용했습니다. 히틀러가 먼저 한 대를 칩니다. 상대가 덤벼들 기세면 "더 안 때릴게, 사이좋게 지내자." 하고 상황을 마무리합니다. 그리고나서 몇 달 후 다시 한 대를 칩니다. 이번에도 대들 것 같으면 또 이렇게 구슬립니다. "이번엔 진짜야. 다시는 안 때릴게. 내 말 믿어봐."

그리고 몇 달 후에는 옆구리를 또 한 번 칩니다. 상대는 길길이

뛰면서 약속을 어겼다고 대들지요. 이번에도 "이번이 마지막이야. 진짜라니까." 이렇게 몇 년을 질질 끌면서 세계를 속여온 것입니다. 어떻게든 전쟁을 피하고 싶은 체임벌린 같은 유약한 지도자들을 농락하면서 말입니다.

히틀러는 그사이 전쟁을 위한 치밀한 전략을 세우고, 군비를 꾸준히 증강하면서 전투태세를 다져갑니다. 그렇다면 영국, 프랑스, 또 다른 유럽 나라들이 정말 히틀러에게 속았을까요? 아닙니다. 알면서도 눈앞의 이익을 위해 속아주는 척 한 것입니다. 당시에도 각 나라의 정보 기관들이 활발하게 활동하고 있었고, 군사 정보들을 공유하고 있었습니다. 히틀러가 전쟁 준비를 하고 있다는 것은 누가 봐도 뻔했습니다. 그러면서도 즉각 응전에 나서지 못했던 것은 전쟁으로 맞대응하기 싫었기 때문입니다. 이것이 체임벌린의 유화 정책의 본질입니다.

전 세계가 2018년 1월 1일 김정은의 신년사에 속았습니다. 김정은이 갑자기 평화를 얘기하고, 한반도 비핵화 이야기를 하자 전 세계가 속아 넘어갔습니다. 김정은은 문재인을 속이고 트럼프를 속였습니다. 그런데 김정은이 속였다는 것만 문제일까요? 속는 줄 알면서도 속은 것은 아닐까요?

문재인 좌파 정권의 형태는 체임벌린 정권을 빼다 박았습니다.

김정은이 미사일을 발사하고 무력 도발을 계속해도 문재인 정권은 보고 싶은 것만 보면서 자기기만에 빠져 버렸던 겁니다. 문재인 대통령이 평화를 외치며 흔들어댄 9.19군사 합의서는 체임벌린이 흔들어댄 합병 서류와 본질적으로 다를 것이 없습니다.

체임벌린의 유화 정책의 비극은 2차 세계 대전을 막을 수 있었는데 못 막았다는 것입니다. 그러나 김정은은 전 세계를 속일 수는 있지만 전 세계를 상대로 이길 수는 없습니다. 김정은은 히틀러처럼 감히 전쟁을 도발하지는 못합니다. 그것은 우리의 대비 태세 때문이 아니라 미국의 강력한 억제력 때문입니다.

만약 어느 순간 미국이 이 억제력을 풀어버리면 애치슨 선언 (*1950년 1월 10일 미 국무장관 애치슨은 미국의 태평양 방위선을 알래스카-일본-오키나와-필리핀 선으로 한다고 발표했다. 남한이 제외된 것이다. 따라서 북한은 남한을 침공해도 미국의 무력 지원은 없을 것으로 판단했다) 6개월 후, 한국 전쟁이 발발했던 것과 유사한 사태 발전이 없으란 법이 없습니다.

북한은 틈만 얻으면 언제든 남한 적화를 목표로 밀고 내려올 수 있는 집단입니다. 자칫하면 우리 국민도 체임벌린의 어리석은 유화 정책의 희생자가 될 수 있습니다. 문재인 정권의 외교·안보 진용은 북한의 마음에 드는 사람들 일색입니다. 현 정권의 유화 정책이 체임벌린의 실수를 답습하게 되는 것을 경계해야 합니다.

결론

17
보이지 않는 진검승부 - 토론 1

토론에서 이긴다는 것이 무엇일까요? 이기는 것에는 두 가지 유형이 있습니다. 대개 토론은 1대 1 또는 1대 2-3 토론으로 진행됩니다. 어느 경우이건 상대방과 싸워서 상대가 '내가 졌다' 하면 이기는 것이 됩니다. 그러나 이런 일은 영화에서나 볼 수 있을까? 현실에서는 보기 힘든 일입니다. 많은 사람들이 제가 토론에 강하다는 것을 인정합니다. 제가 지상파, 종편에 출연할 때에는 주로 좌파를 상대로 토론을 했습니다. 제가 토론에서 지는 것을 보셨습니까? 지난 30년 동안 저는 TV 공개 토론, 세미나, 기타 각종 토론에서 좌파 토론자들과 수천 번 토론을 펼쳤습니다. 토론이라기보다 논쟁이나 전투라는 표현이 더 어울릴 것입니다. 어떤 토론이건 저는 한 번도 져본 적이 없습니다. 동시에 단 한 번도 그들로부터 "고성국 선생님 말씀을 듣고 보니 제가 진 것 같습니다. 승복합니다."라는 고백을 들은 적이 없습니다. 이런 멋진 장면은 무협지나 영화에서나 볼 수 있겠지요. 따라서 이런 식의 승리는 애당초 기대하지 않는 것이 좋습니다.

속으로는 고성국과 토론하면 이길 수 없다고 생각하는 사람들이 꽤 있습니다. 그러나 이들도 절대 겉으로 표현을 안 합니다. 일단 열세를 인정하거나 패배를 시인하면 더 이상 그 바닥에서 행세를 못하거든요. 제 자랑을 하는 것이 아닙니다. 방송국 카메라 앞에서는 끝까지 우기면서 말꼬리를 잡던 사람들도 대기실에 오면 이렇게 말하곤 합니다.

"고성국 선생님께 한 수 배웠습니다. 아까 그 대목은 제가 미처 생각을 못했습니다." 공개적으로는 절대 졌다고 안해도 속으로는 자기가 졌다고 생각하는 거지요.

거듭 말하지만 여러분은 토론을 할 때, 상대방으로부터 직접적인 항복을 받아내는 것을 목표로 삼으면 안 됩니다. 현실에서는 절대 일어나지 않는 일이니까요. 상대방은 어떻게해서든지 내 말꼬리를 잡고 끝까지 버틸 것이라는 전제하에 토론을 해야 합니다. 진 것을 뻔히 알면서도 끝까지 물고 늘어지는 것이 얼마나 애처롭습니까?

토론의 진정한 심판자는 그 토론을 지켜보는 사람들입니다. 방청중 관객, TV시청자들이 토론을 지켜보고 판단합니다.

"좌파들도 고성국한테는 꼼짝 못 하는구나."

여러분이 작은 모임에서 좌파 한두 명과 논쟁을 하게 되면, 나머지 사람들은 대개 관중이나 구경꾼이 됩니다. 그들은 잠자코 지켜보고 판단을 내리지요. 그 사람들이 "오늘은 저쪽이 이겼네!" 하면 진짜 이기는 겁니다. 그러므로 토론의 포인트는 상대방을 설득하는 것이 아니라 그것을 지켜보는 사람들을 설득하는 것이어야 합니다. 제가 대권주자나 방송에 막 입문한 평론가들한테 늘 하는 말이 하나 있습니다.

"카메라 뒤에 국민이 있습니다. 그분들이 심판입니다."

지금 이 방송을 수천 명이 보고 있습니다. 저 카메라 뒤에 수천 명의 회원 시청자들이 계시는 것이지요. 저는 카메라랑 대화하는 게 아니라 카메라 뒤에 있는 수천 명과 대화하는 겁니다. 즉 수천 명의 여러분들이 곧 관중이고 심판인 거지요.

대선주자들의 토론도 마찬가지입니다. 서로 마주 보고 대화를 하지만, 그 누구도 자기가 졌다는 말을 하지는 않을 테고, 결국 보이지 않는 카메라 뒤의 국민, 시청자들이 판단을 내릴 것입니다. 즉 토론은 상대방과 하지만 실제 평가는 카메라 뒤에 있는 국민이 하는 것입니다. 그러니 토론을 할 때 상대박을 공박하면서 논리의 허점을 잡아서 압박하는 것에만 초점을 맞추지 말고, 그 상황을 보고 있는 국민에게 말해야 합니다.

"여러분 저는 이렇게 생각합니다. 이 사람은 이렇게 주장하지만, 제가 보기에 그 주장에서 이 부분은 가짜입니다. 이 부분은 잘못된 겁니다. 따라서 저는 이렇게 생각합니다. 여러분 제가 맞습니까? 이 사람이 맞습니까?"

이제 토론에서 이긴다는 것이 무엇인지 정확하게 이해하셨습니까? 확실히 이해하셨다면 다음에는 이기는 방법을 이야기 하겠습니다. 토론에서는 먼저 이야기 하는 것보다 나중에 이야기 하는 것이 유리합니다. 사실 이것은 아주 당연한 것입니다. 상대방의 말을 들은 후 허점을 찾을 수 있기 때문입니다.

저는 종편에서 몇 년째 좌파들로부터 야비한 공격을 당했습니다. 자꾸 나에게 먼저 발언을 시키는 겁니다. 눈여겨 본 시청자들은 잘 아실 겁니다. 진행자가 제게 먼저 발언을 시킵니다. 그 다음에 첫 번째, 두 번째 패널이 말을 하지요, 그리고 세 번째 패널이 저를 공략할 논리를 구사하며 비판을 합니다. 이런 식으로 두 번 세 번 연속으로 공격을 받으면 그때그때 반격할 수가 없습니다.

이처럼 토론은 먼저 발언하는 사람이 불리합니다. 여러분들이 토론에서 이기려면 발언을 나중에 하는 것이 좋습니다. 발언 순서는 매우 중요합니다. 먼저 말하는 사람은 대개 자기 주장을 펼칩니다. 나중에 말하는 사람은 먼저 말한 사람의 주장 중 허점을 분석하고 지적할 뿐만 아니라 대안을 제시하기도 합니다. 일방적으로 자기주장만 하는 사람과 분석하고 대안을 제시하는 사람, 이미지로 봐도 무조건 후자가 유리하겠지요. 그러니까 토론은 나중에 하는 것이 유리합니다. 아주 간단한 원리인데 이것을 잘 지키지 못합니다.

"그래 토론 한번 해보자. 먼저 내 말부터 들어봐."
이런 식으로 하면 토론에서 집니다.

"우리 토론해보자, 너부터 얘기해봐."
이렇게 해야 합니다. 즉 상대방의 이야기를 다 듣고 난 후 "너 방금 이런 말 했지? 그런데 그건 사실이 아니야. 네 말은 논리적 비약이 심해. 나는 이렇게 생각해."

이렇게 하는 순간 승부는 이미 끝난 겁니다.

토론에서 이기려면 첫째, 경청해야 합니다. 토론이라는 게 광야에서 혼자 외치는 게 아니고, 상대가 있습니다. 그 상대와 나와의 토론을 보고 있는 많은 사람들의 마음을 얻어야 합니다. 청중의 마음을 얻으려면 상대방 주장의 허점을 먼저 파악해야 합니다. 들기 좋은 소리 백 마디 하는 것보다 상대방 이야기의 허점 한두 가지를 이야기하는 것이 청중의 마음을 움직이는데 훨씬 더 효과적입니다. 그래서 상대방의 말에 귀를 기울여야 합니다. 상대방의 이야기에 빨려 들어가라는 뜻이 아닙니다. 상대방의 주장 중 어느 대목이 사실이 아닌가, 어느 대목이 논리적으로 비약인가 하는 것을 잡아내면서 들어야 돼요.

경청에 제일 중요한 것은 사실을 체크하는 겁니다. 상대방이 한 10분 동안 이야기했다고 가정합시다. 예컨대, '10월 유신이야말로 헌법을 유린한 사건이다.' 하면서 막 이야기를 합니다. '1974년에 있었던 10월 유신이야말로 대한민국 헌법을 파괴하는' 어쩌고 저쩌고 하면서 말입니다. 그때 이렇게 말하는 것입니다.

"조금 전에 10월 유신이 1974년에 일어났다고 말씀하셨는데 제가 정정해드리겠습니다. 10월 유신은 1972년 10월 17일에 있었던 사건입니다."

이렇게 시작하는 겁니다. 이 한마디로 앞에 한 10분간의 장광설은 한순간에 무너지지요. 청중들은 판단합니다. '아니, 저 사람은 10월 유신을 비판하면서 연도도 잘 모르고 있네.'

장광설에는 늘 크고 작은 빈틈이 있기 마련입니다. 그 빈틈 하나만 찾으면 되지요. 대개 빈틈은 구체적인 연도, 인물, 특정 사건의 전후 관계를 언급할 때 드러납니다. 작은 팩트 하나로 거대한 장광설을 무너뜨리는 것입니다.

조국 같은 파렴치한이 아닌 정상적인 사람이라면 작은 팩트 하나를 지적받는 순간 평정심을 잃기 마련입니다. 얼마나 창피하겠습니까? 그때부터 버벅거리게 되어 있습니다.

또 한 가지, 꼭 좋은 방법은 아니지만 제 경험을 들어 말씀드립니다. 이명박 정부 때 4대강이 몇 달간 이슈가 된 적이 있습니다. 그날도 OBS 아침 방송에 패널로 나가서 4대강을 설명했습니다.
"4대강 사업은 역대 정권에서 늘 하던 홍수 가뭄 대책 사업이 확장된 것이다." 이런 식으로 설명을 하고 있는데 갑자기 여성 진행자(연예인이었음)가 악의없이 정말로 궁금해서 제게 질문을 한 겁니다. 제가 한참 설명 중일 때말입니다.
"아! 근데 박사님. 4대강이 뭐예요?"

악의를 가지고 물었다면 제가 불쾌했겠지만, 악의가 아니라는 것은 확실하게 알 수 있었습니다. 저를 함정에 빠뜨리려고 물어본 것도 아니었습니다. 단지 4대강이 어느 어느 강이냐는 질문이었지요. 순간적으로 강 3개는 생각이 났는데, 나머지 하나가 생각이 안나는 겁니다.

여러분도 알다시피 4대강은 한강, 낙동강, 영산강, 금강을 말합니다. 그런데 마지막 금강이 생각이 안 났습니다. 0.5초 정도 순간적으로 금강이라고 질렀지요. 금강이 맞았습니다. 사실 정직하게 말하자면 이렇게 해야겠지요.

"4대강은 한강, 낙동강, 영산강인데, 마지막 하나가 정확하게 기억이 안 납니다. 아마 금강이 맞을 겁니다."

그런데 이렇게 말하면 제 주장의 힘이 팍 떨어지는 겁니다. 틀릴 때는 틀리더라도 확 질러야 할 때가 있습니다. 그렇지만 제가 금강이라고 지른 후 남은 방송 시간 내내 계속 불안했습니다. 요즘은 패널들은 방송할 때에도 스마트폰을 갖고 들어가서 방송 중에 검색을 해 팩트 체크를 하곤 합니다. 하지만 저는 지금도 방송 중에는 스마트폰을 꺼내놓지 않습니다. 그때는 더 말할 것도 없었지요.

내가 금강이라고 질렀는데, 혹시라도 금강이 아니면, 내 주장에 대한 모든 신뢰도가 그 한마디로 완전히 떨어질 게 아니겠습니까? 끝난 후 바로 대기실에 가서 확인했더니 다행히 금강이 맞았습니다. 그만큼 팩트가 중요합니다. 별것 아닌 것 같지만 팩트가 무너지면 다 무너집니다. 만약 금강이 틀렸다면 좌파들이 이런 말을 하지 않겠습니까?

"4대강이 뭔지도 모르는 사람이 무슨 4대강을 얘기해."

4대강을 가지고 하루 종일 떠들 수는 있어도 막상 4대강이 뭐냐고 물으면 순간적으로 실수할 수 있잖습니까? 사람이 사전이 아니고, 토론이라는 것이 원고를 보고 읽는 게 아니기 때문에 장광설일수록 팩트가 틀릴 경우들이 많습니다. 논리 모순, 비약 이런 것들도 많습니다. 그걸 딱 잡아내야 합니다. 반론을 펼 때 당신이 조금 전에 얘기한 것 중에 이 부분은 팩트가 틀렸다고 하면 더 이상의 말이 필요 없습니다. "팩트도 모르고 무슨 토론을 하냐?"는 말은 사족(蛇足)일 뿐입니다. 단지 '팩트가 다르니 제가 정정해드리겠습니다.'라는 식으로 하고 넘어가면 됩니다. 그러면 상대방은 그 순간부터 바늘 방석에 앉게 되지요.

"팩트도 모르면서 무슨 패널이라고 나와 있어. 빨리 꺼져."
이런 식의 댓글들이 줄줄 달리겠지요.

토론에서 이기는 두 번째 방법은 압축해서 말하는 겁니다. 같은 말이라도 2-3분에 끝내면 설득력이 있는데, 20분 정도로 길게 늘려 말하면 말하는 도중 동력이 떨어집니다. 토론에서는 두괄식 화법을 사용해야 합니다. 결론 먼저 던져놓고 이야기 하는 것이지요. 사실 두괄식이니, 양괄식이니, 미괄식이니 설명해봤자 소용이 없습니다. 이기려면 무조건 압축해야 합니다. 압축하려면 어쩔 수 없이 두괄식으로 하지 않을 수 없습니다.

셋째, 비유는 가급적 최소화해야 합니다. 토론에서 비유는 한 번에 하나 이상 쓰지 말아야 합니다. 말을 잘 한다고 착각하는 사람들이 비유를 많이 합니다. 그런데 그 상황에 딱 맞는 비유를 찾는다는 것이 굉장히 어려운 일입니다. 그 주제에 대충 맞는 것이지 딱 들어 맞는 경우는 거의 없습니다. 오히려 비유 때문에 말이 많아지고, 말꼬리를 잡힙니다.

그래서 흔히 하는 말이 있지요.
"나는 달을 가리켰는데 왜 손가락 갖고 뭐라고 그러느냐?"

그러면 뭐라고 반박을 할까요?
"달을 가리킬 때 손가락도 깨끗이 하면 시비를 안 걸잖아. 왜 지저분한 손가락으로 달을 가리켜서 왈가왈부 하게 만드냐?"

한 시간 정도 토론을 하다 보면 설득력을 높이기 위해서 비유와 은유를 사용하지 않을 수가 없습니다. 그러나 비유와 은유가 너무 많으면 좋지 않습니다. 기억에 아주 잘 남을 정도의 한두 개 정도면 족합니다.

비유와 은유를 많이 사용하는 사람이 말을 잘 하는 사람인 것처럼 착각을 합니다. 그러나 비유와 은유를 잘하는 사람은 시를 잘 쓰는 사람이지, 말을 잘하는 사람은 아닙니다. 시를 잘 쓰는 사람이라고 해서 토론을 잘하는 것은 아닙니다.

경청하고, 압축하고, 비유를 최소화하라. 다른 말로 표현하면 단도직입적으로 말해라는 것입니다.

다시 한 번 정리합니다. 토론에서 이기기 위한 세 가지 방법은 다음과 같습니다.
1. 경청하라.
2. 압축하라.
3. 비유를 최소화하라.

18
상대의 민낯을 드러내라 - 토론 2

좌파와 싸워서 이기려면, 우선 말로 싸워 이겨야 합니다. 토론으로 이겨야 한다는 말입니다. 나중에 혹시 육박전까지 가야 할지도 모르겠습니다만 그 경우가 되면 자유 우파가 좌파들한테 질 리가 없습니다. 왜냐하면 자유 우파는 몸도, 마음도 튼튼하기 때문입니다. 좌파들하고 진짜 씨름으로 격투기로 승부를 내자 해도 자유 우파가 질 리가 없습니다. 그런데 자유 우파가 좀 약한 게 말입니다. '말 잘하면 공산당'이라는 말이 옛날부터 있었잖아요. 아무튼 좌파들은 말을 잘하는 것처럼 느껴집니다. 반면에 자유 우파는 자신을 표현할 기회도 별로 없고 자신 없어 합니다. 그래서 토론하기 전부터 지고 들어가는 게 있습니다. 그러나 좌파가 잘 하는 건 토론이 아니라 선동입니다. 진정한 토론은 자유 우파만이 할 수 있습니다. 그렇다면 좌파와 토론에서 이기려면 무엇이 필요한지 세 가지 방법을 살펴보겠습니다.

첫째, 팩트를 가지고 공격하라.

거짓말은 가짜를 진짜라고 속이라는 겁니다. 소설이나 연극, 드라마, 영화는 있을 법한 이야기를 허구로 꾸며서 사람들한테 그것을 체험하게 하는 것입니다. 반면에 토론은 실체적 진실을 밝히고 어떤 것이 옳은 것인가를 찾아가는 겁니다. 좌파의 전유물처럼 돼 있는 선전 선동은 가짜를 진짜처럼 믿게 만드는 거예요. 좌파는 선전과 선동을 잘 합니다. 여론 조작은 선전 선동의 수단 중 하나입니다. 선전 선동은 그럴듯해 보일 뿐 진실과는 거리가 멉니다. 실제 사실이 아니라 그들이 원하는 '사실'을 주입하는 겁니다. 좌파들의 선전·선동과 여론 조작은 한 꺼풀만 벗기면 거짓말이고 가짜 뉴스라는 게 적나라하게 드러나게 되어 있습니다. 그러니까 토론을 할 때 좌파를 겁낼 필요는 하나도 없습니다. 그냥 사실을 드러내 보여주면 되니까요. 좌파를 이기는 제일 효과적인 방법은 뭘까요? 네 사실을 분명하게 설명해주는 겁니다.

좌파와의 토론 말싸움, 언쟁, 논쟁(debate)에서 이기려면 좌파들의 선전·선동, 여론 조작과 가짜 뉴스의 껍데기만 벗겨내면 돼요. 이들의 현란한 말 잔치, 밑에 숨어 있는 사실들을 드러내고 그 '사실들'이 말하게 하는 거죠. 판단은 국민이 합니다.

'가짜잖아. 이거. 거짓말이잖아.'

그 순간 좌파의 선전·선동은 허물어져 버립니다. 간단합니다. 좌파의 거짓의 벽을 허물어뜨리는 제일 좋은 방법은 팩트입니다.

사실만큼 강력한 힘은 없습니다. 모든 역사적 거짓은 팩트 앞에서 무너져 내렸습니다. 팩트만큼 중요한 것이 없습니다. 친구들끼리 모여 술 한잔하면서 덕담 나눌 때 굳이 팩트를 찾을 필요는 없을 겁니다. 그러나 좌파를 상대로 싸움할 때는 이 토론 주제와 관련된 팩트를 정확하게 갖고 있어야 합니다. 좌파들은 실체적 진실이 아니라 그들의 이념을 주장하기 때문에 공부를 별로 안 합니다. 좌파들은 팩트를 정확하게 알면 알수록 자기 말이 공허하게 들릴 겁니다. 팩트와 다른 얘기를 해야 하니까 말입니다.

그래서 그런지 좌파들은 팩트를 잘 챙겨보지 않아요. 이를테면, 영화 한 편 보고 탈원전 주장하는 격이지요. 그게 팩트인지 아닌지를 따지지 않는다니까요. 후쿠시마 원전 사고는 쓰나미 때문에 침수돼서 발생한 사곤데 좌파들은 이런 팩트를 따지지 않습니다.

"후쿠시마 원전이 얼마나 위험한지 아십니까? 원자력 발전소를 건설하면 우리도 언제든지 후쿠시마처럼 될 수 있습니다."

그냥 이렇게 주장하는 거예요. 실제로 후쿠시마 원전 자체는 문제가 없었고 쓰나미 때문에 침수돼서 생긴 문제라는 팩트를 이야기하지 않는 겁니다.

팩트를 이야기하는 순간 문재인 정부가 추진하고 있는 탈원전에 대한 논리적 근거가 사라져 버립니다. 이런 좌파들과 싸움을 해야 하기 때문에 '팩트 체크'가 중요하다는 것입니다. '팩폭'은 젊은 청년들이 아주 좋아하는 것이지요. 즉 팩트를 제시함으로써 거짓을 응징한다. 이것이야말로 자유 우파가 청년들과 제대로 소통할 수 있는 방법입니다.

'저 좌파는 말은 그럴듯하게 하는데, 전부 거짓말이네. 사실과 다른 얘기를 하고 있네.' 국민이 좌파를 이렇게 생각하도록 만드는 것이 자유 우파의 목표가 되어야 합니다.

이렇게만 되면 비록 자유 우파가 말을 조금 어눌하게 하고 떠듬떠듬해도, 말씨름에서 이길 수 있습니다. 토론은 말재주를 겨루는 것이 아니고 진실을 밝히는 것이기 때문입니다.

팩트 체크라는 해법과 관련해서 자유 우파에게는 아주 쓰라린 경험이 하나 있습니다. 아주 창피하고 쓰라린 경험이지요. 박근혜 정부 때, 검인정 역사 교과서 8종이 있었습니다. 그중에 7종이 좌 편향 교과서였습니다. 이 7종의 검인정교과서의 문제점이 폭로되자 국민 여론이 들끓었습니다. 이대로는 안 되겠다는 판단을 했지요. 적어도 역사 교과서만은 국가가 직접 팩트 체크해서 써야 하겠다고 말입니다. 그래서 국정교과서 체제로 바꾼 겁니다.

이 문제를 둘러싸고 11년여에 걸쳐 좌우간에 논쟁이 있었습니다. 제가 연합뉴스 TV에서 '담담타타'라는 프로그램을 진행하고 있을 때였습니다. 이 이슈가 워낙 커서 새누리당과 민주당 국회의원을 초대해서 수십 차례에 걸쳐서 토론을 진행했습니다.

당시 전희경(국회 의원이 되기 전이었음)이 새누리당에 가서 좌편향 교과서의 문제점에 대해서 특강을 한 적이 있습니다. 그 특강 때 나온 자료를 새누리당 의원들이 많이 참고했지요. 전희경이라는 이름이 세상에 알려지게 된 것도 그 특강 때문이었습니다. 전희경은 국회 의원이 아니었으니까 그때는 제 프로그램에 나오지 않았지요. 국회 의원만 초대해서 토론을 시켰으니까요.

당시의 좌파 쪽에서 단골로 나왔던 사람이 도종환이었어요. 여러분도 잘 아시듯 도종환은 시인이죠. 문재인 정부 들어서 문체부 장관도 하고 지금도 국회 의원입니다. 그 도종환이 주로 검인정교과서의 국정교과서화 반대 입장에서 토론에 나왔습니다. 새누리당 쪽에서는 여러 사람이 교대로 나왔습니다. 자신이 없었는지 출연 섭외가 어려웠습니다.

1대 1로 토론이 진행됐습니다. 열띤 공방이 오고 가는데, 도종환이 새누리당 국회 의원에게 불쑥 이런 질문을 했습니다.

"존경하는 의원님, 그런데 지금 문제가 되고 있는 검인정교과서를 읽어는 보셨습니까?"

새누리당 의원이 주춤하더니

"다 읽어 본 건 아니지만 자료는 다 챙겨봤습니다."

도종환이 거기서 멈출 리가 없습니다. 다시 묻지요.

"전희경이라고 하는 사람이 A4 다섯 장인가로 요약한 그 자료를 말씀하시는 건가요?"

상황은 이렇습니다. 도종환은 좌 편향 교과서 7종과 자유 우파의 시각에서 쓴 교학사 교과서 이렇게 여덟 개 교과서를 거의 달달 외우다시피 팩트 체크하고 나온 것입니다. 반면 새누리당 의원은 교과서 자체를 읽지 않고 참석한 것입니다. 전희경이 특강을 했다는 A4용지 대여섯 장과 보좌관들이 준비 자료 정도만 갖고 나온 거지요.

교과서가 토론 주제인데 교과서를 읽고 밑줄 쫙 긋고 달달 외우듯 읽고 나온 사람과 교과서는 아예 보지도 않고 특강 자료 몇 페이지 읽고 나온 사람과 토론이 되겠습니까? 토론에서 완패할 수밖에 없습니다. 한순간에 게임이 끝나버리는 겁니다. 제가 그

때 하도 황당해서 새누리당 쪽에다가 여러 차례 문제 제기를 했습니다.

"교과서를 주제로 토론을 하는데 어떻게 교과서를 제대로 읽은 사람이 없습니까? 어떻게 그런 사람을 토론자로 내보냅니까?"

요지는 정확한 사실만이 토론에서 확실하게 이기는 방법이라는 것입니다.

국정교과서 토론 때에는 이런 식으로 졌지만, 사실 대부분의 이슈에서는 좌파들이 팩트에 약합니다. 공부를 안 하거든요. 북한에서 방송하는 녹취록만 달달 외우고 그게 세상의 다인 줄 아는 사람들이 좌파란 말이에요. 현란한 말기교와, 말재주, 선동 기술로 무장한 좌파를 상대로 싸워 이기려면 팩트를 정확히 숙지하면 됩니다.

둘째, 국민과 교감하라.

토론에서 좌파가 이겼는지 우파가 이겼는지를 누가 판단합니까? 방송 진행자가 아니라 시청자들입니다. 신문을 보는 독자들입니다. 국민이 합니다. 국민이 심판자입니다.

토론 배틀에는 KO패가 없습니다. 상대방의 공격이 어떠하든 "내가 졌습니다. 항복합니다."라고 말하는 경우는 절대 없다는 말입니다. 말이 되든 안 되든, 상대방의 공격에 대해 이 말 저 말을 하고 나서야 토론이 끝납니다.

"당신 더 안 될 것 같으니까 여기에서 토론 끝냅시다."
말하자면 심판이 시합을 중지시키는 TKO 같은 경우는 절대 없습니다. 즉 중간에 경기를 끝내는 경우가 없지요.

토론이 끝나면 판정이 남겠지요. 그 판정을 국민이 합니다. 토론에서 이기려면 국민의 마음을 사야 합니다. 많은 사람이 이 대목에서 착각합니다. 토론 현장에 있는 참석자들은 좌파가 우파를, 또 우파가 좌파를 맹공격해서 상대방의 얼굴이 붉어지거나 꼼짝 못 하면 자기가 이겼다고 생각합니다. 이것은 착각입니다.

토론은 패널들이 하지만 그것에 대한 평가는 카메라 뒤에 있는, 모니터 뒤에 있는 국민이 한단 말입니다. 국민은 말 잘하는 사람만 주시하는 것이 아니라 공격을 당하는 자의 억울함까지 봅니다. 즉 말만 잘한다고 토론에서 이기는 게 아닙니다.

대표적인 사례로 케네디와 닉슨의 TV토론을 들 수 있습니다. 벌써 60여 년이나 지났군요. 미국 대통령 선거에 나온 젊은 케네디와 노회한 닉슨이 TV토론에서 맞붙었지요. 닉슨은 이미 부통령을 지냈던 사람이고, 케네디는 상원 의원 한 번 한 것이 전부였습니다. 국정 운영이나 정치 경력에 있어서 닉슨과는 비교가 안 되었습니다. 닉스는 국정 전반에 대해서 마치 백과사전이라도 되는 듯 통달했던 사람입니다. 머리도 좋고요. 그래서 토론을 주도하면서 케네디를 완전히 어린애 다루듯 했지요. 반면에 케네디는 젊음이 무기였고, 닉슨을 공격하기보다는 국민에게 새로 한번 잘 해보자는 메시지를 전달하는 데 치중했습니다. 닉슨은 이런 케네디를 국정 운영도 잘 모르는 젖비린내 나는 애송이로 취급하면서 가르치려들었지요.

TV토론이 끝난 후 닉슨은 자신의 승리를 확신했습니다. 애송이 케네디를 완전히 제압했다고 말입니다. 그런데 이 TV토론 후의 여론 조사에서 케네디가 닉슨을 앞서는 결과가 나왔습니다. 닉슨이 말싸움에서는 이겼을지 몰라도 토론에서는 졌다고 평가된 것입니다.

여러분 말로는 이기고 토론에서는 지고 싶으십니까? 아니면 비록 현장에서는 말에서 밀린 것 같지만 실제로는 국민 다수로부터 승자라는 인정을 받고 싶으십니까? 자유 우파는 최종 승자가 되어야 합니다. 그러려면 TV 브라운관 뒤에 있는, 카메라 뒤에 있는 국민배심원단, 국민심판단의 지지를 더 많이 받아야 되는 겁니다.

여러분도 알다시피 제가 TV조선이나 여러 지상파, 종편에서 억울한 꼴을 많이 당했잖습니까? 무슨 주제가 나오든 먼저 발언하면 불리한데 늘 저한테 먼저 시키잖아요. 제가 논평을 하고 나면 좌파는 꼭 제 발언에 트집을 잡고 말꼬리를 잡아서 공격하고 그다음 주제로 갔지요. 저에게는 반론권도 주지 않고 말입니다. 저도 답답했지만, 시청자들도 많이 답답해하셨습니다. 시청자들이 답답해 하는 만큼 제게 표가 돌아오게 돼 있는 것입니다.

사실 저도 여러 차례 내부적으로 항의했습니다. 먼저 발언을 시작하는 사람이 불리한데 왜 매번 나한테 먼저 발언을 시키느냐? 나도 순서대로 하게 해달라. 내가 먼저 하면 그다음에는 상대방이 먼저 하도록 조처해달라고 말입니다. 그런 과정이 계속되면서 결과적으로 쌓인 게 있습니다.

"고성국은 지상파, 종편에 나가도 늘 불리한 토론 구조에서 좌파들의 집중 공격을 받는 사람이다. 저거 봐라! 저렇게 또 억울하게 당하지 않느냐? 고성국 박사 진짜 인내심 대단하다." 이렇게 여러분들이 평가해주셨습니다. 여러분은 제가 좌파하고 싸울 때 누구 편을 들어주시겠습니까? 말 하지 않아도 답은 확실하지 않습니까?

그렇습니다. 토론 형식이 어떻든 이기는 방법은 늘 있습니다.

제가 자주 하는 말이지만 2대 1, 3대 1, 4대 1이 점수 따기는 훨씬 더 좋습니다. 두 가지 이유에서입니다. 첫째, 여러 사람이 한 사람만 공격하는 게 뻔히 보이니까 동정표를 얻을 수 있습니다. 둘째, 공격하는 사람이 많으면 반론할 기회도 그만큼 많아집니다.

저는 200대 1로도 싸워본 적이 있습니다. 어느 날 한겨레신문사에서 총선 특집 토론을 하는데 저를 불렀어요. 저는 그래도 언론사니까 패널 비율이 6대 4 정도는 될 줄 알고 갔습니다. 그런데 발표자, 토론자 합쳐서 단상에 올라가 있는 열 명 중 일곱 명이 좌파고 저 하나가 자유 우파더라고요. 그래서 7대 1로 붙었어요. 그런데 방청객들이 있잖아요. 한 200명 정도 왔는데, 나중에 방청객 질문하는 시간이 되어 수많은 사람이 손을 들어 발언권을 얻고 질문을 했는데 질문한 사람들 모두가 저에게 공격적인 질문을 했습니다. 그러니까 200대 1로 싸운 셈이지요.

결과가 어떻게 됐겠습니까? 제가 이겼지요. 그렇잖아요? 방청객 열 명이 질문하면 저는 10번의 답변을 할 수 있잖아요. 다른 패널들은 꿔다 놓은 보릿자루가 되는 겁니다. 토론의 주도권은 누가 잡습니까? 제가 잡는 거죠. 200대 1로 덤빈다고 무슨 소용이 있겠습니까? 만일 몸싸움이었다고 하면 200명하고 붙으면 제가 병원에 실려 갔겠죠. 토론은 전혀 다른 겁니다.

토론 못 하는 사람이 토론 형식이나 패널 구성, 발언 순서 등을 탓하는 겁니다. 진짜 선수는 토론 형식, 구조, 무대 장치 등이 모두 자신을 위한 장치에 불과하다고 생각합니다. 토론의 승부는 카메라 뒤에 있는 국민과 저 사이의 교감에서 결정되는 거지요. 제가 아무리 토론을 잘한다 해도 어느 순간 카메라 뒤에 있는 여러분과 교감 못 하면 저도 질 수밖에 없습니다.

토론의 심판이 누구인지 명심하십시오. 토론장에 나와 있는 뺀질뺀질하고 얄팍한 좌파가 심판이 아닙니다. 이들은 저의 승리를 확인시켜주고 입증해주는 소품에 불과합니다. 1분 토론이든 3분 토론이든 핵심은 카메라 뒤에 있는 국민과 나와의 소통입니다. 카메라 뒤에 있는 국민과 소통할 수만 있으면 상대가 누구든, 어떤 주제든 상관없습니다. 국민은 자기와 소통하는 토론자를 원합니다

토론할 때 다른 것을 보지 않고 카메라만 응시하면 시청자와 눈을 맞출 수 있습니다. 그래서 '저 사람이 날 보고 얘기하네.'라는 느낌이 들게 됩니다.

셋째, 자신감과 확신을 가져라.

자신감과 확신이 정말 중요합니다. 어떤 토론이든 대표 선수가

나오는 겁니다. 벼르고 별러 엄청나게 준비를 한 후 나옵니다. 기와 기가 부딪치게 돼 있습니다. 여기서 눌리면 지는 겁니다. 골목에서 패싸움이나 하는 양아치들도 주먹을 날리기 전에 기 싸움부터 하잖아요. 기 싸움에서 지면 지는 거잖아요.

권투를 배울 때 달리기와 줄넘기부터 시키지만, 풋워크 footwork(발 움직임)가 좀 되면 펀칭 연습을 하게 되는데 그때 코치들이 귀에 못이 박히도록 가르치는 게 있습니다. 눈이 좋아야 한다. 눈으로 싸우라는 거죠. 주먹이 날라올 때 눈 감으면 지는 거예요. 이 기세가 중요한데, 기세는 거칠기만 하다고 나오는 게 아닙니다. 정치 토론에서의 기세는 '내가 역사 발전의 정방향에 있다.'라는 확신과 자부심에서 나오는 겁니다. '내가 올바른 정치 노선에 서 있다.'라는 자기 확신에서 자신감과 기세가 나오는 거예요. 나는 올바른 방향에 있다. 내가 대한민국의 헌법 가치를 지키는 사람이다. '저 사람은 대한민국 헌법을 부정하려고 하는 자다. 대한민국의 헌법 가치를 지키려고 하는 역사 발전의 정방향에 내가 서 있다.' 이런 확신에서 자신감도 나오고 결기도 나오는 겁니다.

저는 어떤 방송이나 토론에 초청을 받아서 가건, 대기실에서 자료를 찾거나 쳐다보지 않습니다. 방송국에 가서 자료 보고 있을 정도면 준비가 안 되어 있는 거죠. 좌파들은 자료를 이만큼 쌓아놓고도 스마트폰 꺼내서 열심히 검색하고 그래요. 진짜 선수들은 그렇게 안 합니다. 진짜 선수들은 다 준비 끝낸 상태로 옵니다. 서로 쳐다보지 않지만 기 싸움을 하는 거죠. 고성국이 나온다고 하면 저쪽에서 토론을 피한다는 말을 여러 번 들었습니다. 고성국이 나온다고 하면 저쪽에서 다른 일정을 핑계대곤 한다는 거예요. 그래서 그런지 저한테 TV토론에 나와달라고 요청할 때 (지금은 아예 그런 요청이 없지만)

"박사님 TV토론에 나와 주시겠습니까?"
"그런데 패널로 누가 괜찮겠습니까? 추천을 해주시지요."

이렇게 저에게 패널 추천을 받곤 했습니다. 누구누구 정도면 승부가 될 것 같다고 하면 그 방향으로 섭외가 되곤 했지요.

좌파들은 토론을 시작하기도 전부터 제 기세에 눌려서 도망가는 거예요. 정치인 중에도 이를테면, 전희경, 김진태, 곽상도, 김도읍이 나간다. 그러면 좌파들이 다른 일정 핑계 되며 슬슬 피했습니다. 그건 우리 쪽도 마찬가지였어요. 제대로 된 좌파들 하나도 없지만, 그중에서도 센 사람이 나온다 하면, '괜히 나갔다가 엑스트라나 되는 것은 아닐까?' 하는 부담감을 느껴 거절합니다.

아예 스핀 닥터Spin Doctor(특정 정치인이나 고위 관료들의 대변인 구실을 하는 정치 홍보 전문가)가 나오면 모를까요? 그러나 이것은 편법입니다. 한때 스핀 닥터 얘기가 나왔을 때 이렇게 논쟁한 적 있습니다.

"스핀 닥터? 그건 아닙니다. 국회 의원 모두 스핀 닥터 역량이 있어야 합니다. 그 정도 능력도 없는데 왜 공천을 하고, 국회 의원 배지를 달아 줍니까? 이미 배지를 달았으면 지금부터라도 훈련해서 103명의 스핀 닥터로 만들어야 합니다. 국회 의원이 토론 상대가 겁나서 일정 핑계를 대고 토론에 안 나간다? 이게 무슨 국회 의원입니까? 이래서 어떻게 국민을 대표한다고 할 수 있습니까?"

토론하기 위해서는 여러 가지 기술과 기교도 필요하고, 여러 가지 준비도 필요하지만, 그 모든 것에 앞서서 준비되어야 할 핵심은 확신과 자신감입니다.
'내가 역사 발전의 전 방향에 있다. 내가 여기서 버티지 않으면 대한민국이 뚫린다.' 이런 확신과 절박함에서 나오는 자신감이 있어야 합니다.

마치 다부동 전투(*낙동강 방어선 전투 중 국군 제1사단이 북한군 3개 사단을 격멸한 전투)에서 "내가 여기서 막지 않으면 대한민국이 망한다. 나를 따르라. 내가 돌아서면 나를 쏘아 죽여라!" 하면서 돌격했던 사단장 백선엽의 기세와 기개가 토론의 출발점입니다. 자신 없는 자들은 스스로 물러나면 됩니다. 그 정도의 자신도 없이 어떻게 자유 우파의 정치적 대표자요 국민의 힘의 국회 의원이요 헌법 기관이 될 수가 있느냐는 말입니다. 역사 발전의 정방향에 자유 우파가 서 있다는 확신, 자유 우파야말로 대한민국 헌법 가치를 지키는 국가 주도 세력이라고 하는 이 당당함, 이것이 좌파와의 토론 전쟁에서 이길 수 있는 출발점이 됩니다.

다시 한 번 요약합니다. 첫째, 팩트를 가지고 공격해야 하고, 둘째, 심판이 국민이라고 하는 점을 토론의 시작부터 끝까지 잊지 말아야 하고, 셋째, 가장 주요한 것으로, '내가, 역사 발전의 정방향에 서서 대한민국 헌법 가치를 지키는 자유 우파의 마지막 전사다.'라는 절박함과 확신이 있어야 합니다. 이 세 가지를 갖추어야 좌파들과의 토론 전쟁에서 승리할 수 있습니다.